Papel certificado por el Forest Stewardship Council®

MIXTO
Papel procedente de
fuentes responsables
FSC® C117695

Título original: *Konmari no mainichi ga tokimeku mahou no katazuke techou*
Primera edición: septiembre de 2021

Copyright © by Marie Kondo/KonMari Media Inc. (KMI .First published by FUSHOSHA Publishing
Inc.,Tokio, in 2017, under the title *Konmari no mainichi ga tokimeku mahou no katazuke techou*
La edición original japonesa fue publicada en 2017 bajo el título *Konmari no mainichi ga tokimeku
mahout no katazuke techou* por Fusosha Publishing Inc. Tokio

© 2021, Penguin Random House Grupo editorial S.A.U.
Travessera de Gràcia, 47-49, 08021 Barcelona
© 2021: Laura Asquerino (DARUMA, SL) por la traducción
Diseño de cubierta: Penguin Random House Grupo Editorial / Carlos Pamplona
Fotografía de la cubierta: © Getty Images
Fotografía de la autora: © Marie Kondo/KonMari Media Inc.

Printed in Spain – Impreso en España

ISBN: 978-84-03-52226-8
Depósito legal: B-8956-2021

Compuesto en DARUMA, SL

Impreso en Gómez Aparicio, S.L.,
Casarrubuelos (Madrid)

AG 2 2 2 6 8

LA AGENDA DEL ORDEN

Disfruta cada día de la magia de ordenar

MARIE KONDO

2021/2022

AGUILAR

Introducción

¿Cómo te ha ido este 2021? Quizá respondas: «Pues me había hecho el firme propósito de ordenar este año, pero al final no lo he cumplido» o «Me he esforzado y he estado ordenando, pero al final se ha producido un efecto rebote». Quizá también hayas comprado esta agenda con el objetivo en mente de poner orden en tu casa en 2022.

Sin embargo, ordenar es un medio para alcanzar la felicidad, no el fin en sí mismo. ¿No te parecería aburrido un año en el que el único propósito que te marcaras fuera ordenar? Tu objetivo para 2022 va a ser **alcanzar la felicidad en tu día a día cuando hayas terminado de poner orden**.

El orden tiene el poder de cambiarte la vida. No solo se trata de que tu casa quede como nueva, pues muchas personas a las que he ofrecido asesoramiento para ordenar me han contado que después les ha ido mejor en el trabajo o en el amor y que han encontrado su vocación. Sin embargo, **el resultado más increíble que obtienes tras ordenar es quererte a ti mismo**.

Cuando en casa tienes una cantidad ingente de cosas, al separarlas entre aquellas que vas a conservar y aquellas que vas a tirar, te das cuenta de qué es lo que de verdad te importa. Además, al ganar decisión, resolución e iniciativa, también ganas confianza; al dar espacio a tus sentimientos, pasas a disfrutar más de tu día a día. Me encantaría que tú, que has comprado esta agenda, experimentes esa felicidad lo antes posible.

En primer lugar, tienes que prometerte que durante este año vas a acabar de ordenar; después, establece un plan concreto para conseguirlo, pues **para terminar de ordenar, tienes que reservar tiempo para dedicárselo a esa tarea.** Esto, como puede parecer demasiado evidente, tendemos a olvidarlo, así que es fundamental que lo tengas en cuenta.

Esta agenda te va a acompañar en tu camino hacia el orden: tú dirígete a la meta, o sea, ordenar, y yo te voy a guiar en cada paso que des. Eso sí, esta agenda no solo te servirá para ordenar, sino que también incluye consejos para ayudarte a alcanzar la felicidad en tu día a día.

Cuando tuve a mis hijas, mi manera de organizar el tiempo cambió por completo: el que podía dedicarme a mí misma era muy limitado y, debo confesarlo, a veces mi forma de actuar no podía alejarse más de la palabra «felicidad»; siempre cuidaba de mis hijas, pero no me cuidaba a mí misma. Incluso en días como esos en los que no tengo tiempo para nada, me parece importante prestar la debida atención a lo que me produce felicidad a mí.

Cada día y cada mes echo la vista atrás hacia aquello que me produce felicidad y me pongo como reto nuevos hábitos, pues, en mi opinión, es con esas pequeñas cosas como se construye la felicidad en tu día a día.

Por supuesto, estos «hábitos para alcanzar la felicidad» son importantes para quienes hayan terminado de ordenar, pero también para quienes se encuentren en pleno proceso. Seguro que, cuanto más los pongas en práctica, más conciencia adquirirás de que estás puliendo tu capacidad de dilucidar cuándo algo te produce felicidad.

Utiliza esta agenda, acaba cuanto antes de ordenar y consigue tu vida ideal, en la que solo te rodeen aquellos objetos que te producen felicidad. Espero que el 2022 sea el mejor año de tu vida, y me alegraré mucho si esta agenda te acompaña en tu felicidad del día a día.

Mi objetivo con esta agenda es que alcances la felicidad en tu día a día, así que personalízala y conviértela en algo que te produzca felicidad.

Tras comprar esta agenda, lo primero que tienes que hacer es tocarla y concentrarte en si te produce felicidad o no. «Uy, ¿no sería mejor que fuera un poco más adorable?», «Me parece que el libro sin la faja me produce más felicidad que con ella», «Creo que me convencería más un diseño más sencillo»... Cada uno tiene su forma de ver la felicidad, ¿no es así?

LA AGENDA
DEL ORDEN

Disfruta cada
día de la magia
de ordenar

———

MARIE
KONDO

Por eso, puedes personalizarla a tu gusto: no dudes en modificar su apariencia hasta que te produzca felicidad. Puedes quitarle la faja o dejársela puesta. Utiliza pegatinas, forros con diferentes texturas, personalízala con fotos, recortes o cualquier otro elemento que te haga sentir más feliz con su apariencia.

Bueno, ¿estás a punto para una vida llena de felicidad?

Cómo utilizar esta agenda con la que alcanzarás la felicidad en tu día a día y experimentarás un vuelco en tu vida

Si aún no has acabado de ordenar, lee con atención el método para hacerlo. Después, decide el día en que vas a empezar y el día en que vas a acabar, y apunta en la agenda tu plan para ordenar.

Si resulta que esta actividad te lleva más tiempo del que pensabas o no puedes hacerlo como habías planeado en un principio, no desfallezcas y reajusta el plan. Lo importante es que siempre seas consciente del día en que terminarás de ordenar.

Es más, incluso si ya has terminado de ordenar, la agenda te ayudará a alcanzar aún más felicidad en tu día a día.

Claves para utilizar esta agenda y alcanzar la felicidad en tu vida

• Planifica cómo va a ser tu vida llena de felicidad gracias al orden.

• La vida es la suma del día a día. Fíjate hábitos para alcanzar la felicidad.

• Cuando encuentres un motivo de felicidad, anótalo.

• Si ves que has cambiado en algo, apúntalo.

Si sigues haciendo esto, no solo serás feliz en tu día a día, poco a poco irás cambiando y quizá te sucedan cosas buenas, como encontrar el trabajo de tus sueños o a la pareja perfecta. Por lo menos, hasta ahora yo he sido testigo de muchos cambios así en la gente.

Lo que te espera al utilizar esta agenda son los cambios que te conducirán hacia la felicidad.

● Planifica tu mes en el plan mensual

Cada mes tienes una máxima para motivarte a ordenar. Programa festivales del orden o actividades llenas de felicidad.

● Establece hábitos para alcanzar la felicidad

A modo de calentamiento, observa tu día a día y fija hábitos (pequeñas acciones) para alcanzar la felicidad de ese mes.

● Pon en práctica la felicidad en tu día a día a través del plan semanal

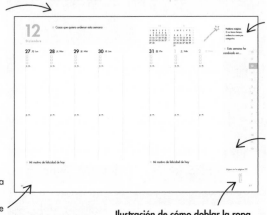

Cosas que quiero ordenar esta semana
Además de, como es lógico, ordenar tu casa, pon también por escrito los asuntos que tienes pendientes.

Mi motivo de felicidad de hoy
Aunque solo te haya pasado algo insignificante pero que te haga feliz, apúntalo. También puedes recortar fotos y pegarlas aquí.

Palabras mágicas
Estas frases de Marie Kondo en forma de consejos para ordenar o para alcanzar la felicidad te servirán de motivación.

Esta semana he cambiado en...
Si has puesto en práctica hábitos para alcanzar la felicidad y si has experimentado momentos de felicidad, pon por escrito en qué has cambiado.

Ilustración de cómo doblar la ropa
Solo si vas pasando una página de la agenda tras otra, entenderás cómo se dobla la ropa según el método konmari.

A ti, que te cuesta ordenar

Desde todos los rincones de Japón me llegan lamentos así: «No hago más que ordenar, pero todo acaba igual que antes» o «Quiero ponerme a ordenar, pero no sé por dónde empezar». Quizá pienses que no sirves para ordenar e incluso te culpes por ello. Sin embargo, que no seas capaz de ordenar no es solo culpa tuya. Para empezar, ¿cuántos hemos aprendido a ordenar como es debido? Aunque de pequeños tus padres se enfadaran contigo y te obligaran a tener tus cosas ordenadas, lo cierto es que son pocas las personas a las que les han enseñado a ordenar bien. Seguro que a tus padres tampoco les enseñaron a hacerlo correctamente, pero no te preocupes: si se aprende a ordenar y se pone en práctica lo aprendido, **¡cualquiera puede dominar el arte del orden!**

«Aunque intente ordenar, no consigo hacerlo», «Por más que ordene, al final se acaba produciendo un efecto rebote...». Estas situaciones pueden deberse a alguno de estos cuatro motivos:

1 Vas ordenando poco a poco

Quizá creas que, si lo ordenas todo de golpe, se producirá un efecto rebote, o que es mejor acostumbrarse a ir ordenando poco a poco, pero lo cierto es que, **al hacerlo poco a poco, da igual el tiempo que pase, nunca va a estar todo ordenado.**

Si lo ordenas todo de una vez pero correctamente, enseguida verás los resultados. Estoy segura de que el impacto que te producirá verlo todo impecable hará que te digas: «No pienso volver a tener mi casa desordenada jamás».

2 Intentas resolver el problema limitándote a almacenar tus cosas

No son pocos los que piensan que ordenar sus cosas equivale a buscar un sitio donde guardarlas. De hecho, antes a mí también me obsesionaba el almacenamiento: reunía numerosos productos de organización e inventaba sin cesar nuevas formas de guardar mis cosas. Sin embargo, daba igual el tiempo que pasara: mi casa nunca se veía despejada. Eso se debe a que lo que estaba haciendo no era ordenar, sino, simplemente, embutirlo todo.

Para ordenar debes comenzar deshaciéndote de tus pertenencias. Ten en mente que, **hasta que no hayas terminado de deshacerte de tus cosas, no debes pensar en cómo guardar las que te quedan.**

3 **Vas ordenando por estancias**

Hay una gran trampa en esta forma de ordenar aparentemente correcta. La razón de ello es que, en la mayoría de los hogares, los objetos que pertenecen a una misma categoría suelen estar repartidos en varios sitios diferentes.

Si los lugares donde almacenas tus cosas están dispersos, no sabrás la cantidad que tienes de cada categoría y tampoco serás capaz de decidir qué conservas y de qué te deshaces; si esta situación no cambia, se te irán quitando las ganas de ordenar.

Al ordenar debes ir objeto por objeto. Esta es la regla de oro para que no se produzca un efecto rebote.

4 **No imaginas cómo quieres que sea tu «vida ideal» una vez que hayas terminado de ordenar**

Para empezar, ¿por qué quieres ordenar? Antes de comenzar, piensa bien cuál es el objetivo que quieres alcanzar. Pero nada de afirmaciones tan vagas del tipo «Quiero sentirme una persona nueva»; en lugar de eso, intenta visualizar cómo te gustaría que fuera realmente tu vida ideal y después pregúntate por qué te gustaría que fuera así. Al final, obtendrás una respuesta simple: «Porque quiero ser feliz». Quizá parezca obvio, pero ten de verdad este objetivo en mente y confírmalo, ya que es imprescindible para que la tarea de ordenar culmine con éxito.

Seguro que al adquirir esta agenda piensas que quieres cambiar tu vida actual o que quieres brillar más. Solo si tienes esa determinación, conseguirás de verdad ordenar, no lo dudes. **Estoy segura de que cuando acabes de ordenar, alcanzarás la felicidad en tu vida.**

Por qué ordenar te traerá felicidad

Todos queremos que nuestra casa esté siempre ordenada y que sea agradable; cuando la tenemos ordenada, queremos que esté así para siempre. Sin embargo, quizá creas que eso es imposible, pero te lo digo sin ningún género de duda: **cualquiera puede mantener su casa ordenada.**

Me gustaría contribuir a que nunca tengas que preocuparte de nuevo por volver a ordenar. Ahora bien, entre tú y yo, desde que tuve a mis hijas también ha habido momentos en los que mi casa ha vuelto a estar desordenada: cuando veía cómo había quedado todo, con los juguetes desparramados por todas partes, me quedaba paralizada. Aun así, no tenía que preocuparme por ordenar porque había establecido un lugar para cada una de nuestras cosas.

Da igual lo desordenado que esté todo: si piensas que puedes devolver a su sitio las cosas que has utilizado y que te bastan treinta minutos para ordenarlo todo de nuevo, sentirás un alivio indescriptible. Asignarles un lugar fijo a todas tus cosas es una tarea fundamental que tienes que llevar a cabo mientras ordenas, pero antes es necesario que te asegures de deshacerte de todo lo que no necesitas y de conservar lo que sí.

Lo importante es la forma en que ordenas: **se trata de ordenar de una vez, en poco tiempo y de forma perfecta; con que lo hagas una sola vez,** verás que desde ese día tu vida cambia.

Lo que más impresiona de todo es darte cuenta de que te habías acostumbrado a ver tu casa de una forma determinada y que ha cambiado radicalmente. Te parecerá que estás en casa de otra persona, el ambiente se despejará y tendrás la sensación de que tu corazón también lo hace.

Tu casa, que se sentirá como nueva justo después de que la hayas ordenado, pasado un año se convirtirá en un entorno desbordante de felicidad: las cosas que te producen felicidad pasarán a encontrarse en lugares más destacados y las cortinas o tu ropa de cama, por ejemplo, serán de colores más bonitos.

Tras haber ordenado, tu vida cambiará de forma espectacular y no querrás volver al desorden. Mi experiencia hasta ahora como consultora de organización me permite estar firmemente convencida de una cosa: **si ordenas perfectamente tu casa, tu vida cambiará de forma radical.**

Quizá creas que exagero, pero te aseguro que lo que digo es cierto. Por algún motivo, el orden trae consigo un impacto positivo en tu vida empezando por el trabajo, el amor y la relación con tu pareja, y hasta en el cuidado de tus hijos.

No paro de escuchar de mis clientes que, desde que han ordenado, han encontrado su auténtica vocación, y esto se ha traducido en que han cambiado de empleo, han empezado a estudiar o su forma de concebir su trabajo ahora es diferente. Son muchos los que tienen la sensación de que es como si hubieran vuelto a nacer.

¿Por qué será? La causa principal es que, **ordenando tu casa, también pones orden en cómo eras hasta ahora** y puedes ver con claridad qué es necesario en tu vida y qué no lo es.

Cuando acabes de ordenar, no dudes que te llegará un maravilloso regalo de parte del «dios del orden», ¡así que procura terminar lo antes posible la tarea!

Escribe tus objetivos de felicidad de este año

Lo repito una vez más: tu objetivo para el año 2022 va a ser que **alcances la felicidad en tu día a día tras terminar de ordenar.**

Decide al comienzo del año cuál va a ser tu tema de la felicidad para estos 365 días. Intenta imaginar cómo serás cuando hayas terminado de ordenar: ¿cómo quieres emplear tu tiempo y con quién? ¿Qué te gustaría hacer?

Eso sí, tu tema de la felicidad y tu objetivo son cosas distintas. Por ejemplo, un objetivo como «Me gustaría adelgazar tres kilos» requiere esfuerzo y no es algo con lo que tu corazón sentirá alegría, así que no lo escribas aquí.

Dejando a un lado si podrás llevarlo a cabo o no, prueba a escribir en la página de la derecha (en la parte de arriba) con total libertad aquello que, con solo pensarlo, llena de gozo tu corazón. Por ejemplo, si quieres viajar a ese país que siempre has querido visitar, escribe «Viaje»; si quieres aprender a tocar un instrumento, escribe «Música»; si quieres formarte en peluquería y maquillaje, ponerte a dieta o mejorar tu imagen personal, escribe «Belleza», y si te has decidido a encontrar pareja, escribe «Encuentro». Intenta escribir el tema con calma, con letra cuidada y con el corazón en la mano: esta es la imagen que tienes que tener al comenzar a escribir.

Una vez hecho esto, escribe debajo qué acciones concretas quieres hacer (o intentar). En lugar de que se queden como pensamientos vagos, si las pones por escrito y las ves en el papel, irás encaminándote poco a poco a conseguirlas.

Siempre, sea cuando sea, si te ocurre cualquier cosa, abre la agenda por esta página. Cuando pienses «¡Ah, claro, pero si este era mi tema de la felicidad!», sabrás lo que tienes que hacer y te dará la impresión de que puedes pasar a la acción.

Además, si te frustras con la tarea de ordenar a medio hacer, tómate un descanso, abre la agenda por esta página y recuerda cómo querías pasar este año.

¡La felicidad dará comienzo en cuanto te pongas a escribir!

¡Inténtalo!

● **Mi tema de la felicidad para este año**

● **Cosas que quiero hacer o intentar hacer**

De una vez, en poco tiempo y de forma perfecta

«Si todos los días voy ordenando poquito a poco, algún día terminaré de ordenar». Lo has pensado, ¿verdad? Pues es un error: así te pasarás la vida ordenando y nunca acabarás.

La tarea de ordenar debe hacerse de una vez. Solo tienes que hacerlo una vez: saca todas tus pertenencias y ve decidiendo una por una si te deshaces de ella o si la conservas. Una vez hecho esto, asigna un lugar fijo a las cosas que hayas decidido guardar.

A esta tarea yo la llamo **«festival del orden»,** pues es importante acabar con ello en poco tiempo. Así experimentarás un subidón de moral, pero para que sea un éxito, llévalo a cabo de una vez, en poco tiempo y de forma perfecta.

Al ordenar de una sola vez, la casa quedará toda ordenada. Al experimentar cómo tu casa ha quedado perfectamente ordenada, *limpias* también esa imagen negativa que tenías de que no servías para ordenar. Te impresionará ver lo radicalmente que ha cambiado la escena que tienes ante ti y tu consciencia también cambiará, pues dirás: «No pienso volver a vivir en una casa desordenada».

«Pero, si lo ordeno todo de golpe, se producirá un efecto rebote. ¿No sería mejor ir ordenándolo todo poco a poco?». Quizá te lo preguntes, pero ordenar no es como ponerse a dieta. Así, si llevas a cabo la tarea de ordenar de forma correcta, no se producirá ningún efecto rebote. Eso sí, si dejas la tarea a medias, te aseguro que sí se producirá dicho efecto, así que esfuérzate al máximo y aspira a la perfección.

Quizá te parezca imposible hacerlo de forma perfecta, pero no te preocupes, pues solo tienes que llevar a cabo dos tareas para ordenar: **decidir qué vas a tirar** y **asignar un lugar fijo a lo que conserves.** Esto te bastará para alcanzar el orden, te lo aseguro.

¡Al final del festival del orden te espera un día a día lleno de felicidad!

El criterio para tirar tus cosas tiene que ser si te producen felicidad o no

¿Para qué ordenamos? No para elegir las cosas que tiramos, sino para elegir las que conservamos. ¿Y cómo se eligen? Solo hay un criterio que debes seguir: **cuando las tocas, ¿te sientes feliz?**

Este es el elemento esencial del método para ordenar que pretendo enseñar: coge tus cosas una a una entre las manos, conserva las que te produzcan felicidad y deshazte de las que no. Este es el método correcto y el más fácil para ordenar.

Quizá no acabes de entenderlo, te preguntes qué significa que algo te produzca felicidad o no sepas en qué consiste esa sensación. Hasta ahora, diferentes revistas presentan métodos fáciles de entender y concretos como «Deshazte de las cosas que sobresalen de las estanterías donde las tienes guardadas» o «Tira todo aquello que lleves dos o más años sin utilizar». Sin embargo, lo cierto es que la causa de que se repita el efecto rebote se encuentra precisamente en este tipo de ideas sobre el orden.

De hecho, solo uno mismo puede saber en qué tipo de entorno se siente feliz. Para empezar, ¿para qué ordenamos? Pues para ser felices. Si en casa te rodeas de objetos que no hacen que tu corazón sienta alegría, te aseguro que no podrás ser feliz.

Pregúntate: «¿Esto me produce felicidad o no?». Cuando lo hagas, confía en las emociones que te transmita y actúa en consecuencia. **Conserva solo aquellas cosas con las que sientas felicidad y tira las que no sin dudar.** Desde ese instante, te aseguro que tu vida cambiará de una forma tan radical que no te lo vas a creer.

Ordena objeto por objeto

Mucha gente cae en la idea equivocada de que hay que ir ordenando por lugares o por habitaciones. ¿Y por qué es un error? Pues porque es muy frecuente que los objetos que pertenecen a una misma categoría estén repartidos en dos o más lugares diferentes. Si empiezas a ordenar yendo habitación por habitación, no sabrás la cantidad de cosas que tienes y, haciéndolo así, la tarea de ordenar durará eternamente.

La regla de oro es ordenar objeto por objeto. Si quieres huir de un efecto rebote, asegúrate de seguirla. Sigue un orden concreto, pues, a la hora de decidir si conservas algo o te deshaces de ello, el grado de dificultad para tomar esta decisión difiere en función de la categoría. Si empiezas por las cosas sobre las que te cuesta tomar una decisión y que por lo tanto tienen un grado de dificultad más alto, como los objetos con valor sentimental, te atascarás y no podrás seguir ordenando. Por ello, empieza con aquellos que tengan un grado de dificultad más bajo, como la ropa, y de ahí ve puliendo tu capacidad de decisión.

El orden correcto para ordenar tus cosas

1 Ropa

Partes de arriba (camisas, jerséis, etc.) ▶ Partes de abajo (pantalones, faldas, etc.) ▶ Prendas exteriores (chaquetas, trajes, abrigos, etc.) ▶ Calcetines, ropa interior ▶ Bolsos ▶ Accesorios (pañuelos, cinturones, sombreros, etc.) ▶ Prendas para actividades específicas (bañadores, ropa de fiesta, etc.). ▶ Zapatos

2 Libros

Libros normales (libros de lectura) ▶ Manuales (material de consulta, libros de recetas, etc.) ▶ Libros visuales (fotolibros, etc.) ▶ Revistas ▶ Cómics

3 Papeles

4 *Komono* (objetos varios)

CD, DVD ▶ Productos para el cuidado de la piel ▶ Productos de maquillaje ▶ Accesorios ▶ Artículos de valor (cartillas del banco, tarjetas de crédito, libro de familia, pasaporte) ▶ Aparatos (cámaras digitales, periféricos del ordenador con cables) ▶ Utensilios de uso cotidiano (artículos de papelería, útiles de costura, etc.) ▶ Objetos de uso doméstico (artículos de consumo como medicinas, detergente o pañuelos de papel) ▶ Utensilios de cocina, comida ▶ Otros

5 Objetos con valor sentimental

Reúne todas tus cosas en un solo lugar

¡Venga, que empiece el festival del orden! Lo primero es ir por toda la casa reuniendo todas tus cosas que pertenezcan a una única categoría y colocarlas en orden en un lugar de tu casa. **Es fundamental que no te dejes ninguna.**

Se juntan todas para que veas exactamente la cantidad de cosas que tienes. Cuando ven la gran montaña que tienen delante, muchos se quedan boquiabiertos. ¡Verás más del doble de cosas de lo que esperabas! Además, al reunirlas todas en un solo sitio, detectarás las cosas que tienen un diseño parecido y te resultará más fácil decidir cuáles tiras.

Los objetos que tienes guardados están, por así decirlo, *durmiendo,* por lo que así como están resulta difícil saber si te producen felicidad o no. Sacándolos y haciendo que entren en contacto con el aire, **los *despiertas*, y así te resulta más fácil determinar si te producen felicidad.**

Reunir todos los objetos que pertenecen a una misma categoría en un mismo lugar y después decidir si te producen felicidad o no puede darte pereza al principio, pero es una manera efectiva de ordenar en el menor tiempo posible.

Y al fin llega el momento de empezar la «comprobación de la felicidad»; es importante que **no te limites a mirar tus objetos: tócalos.** Observa cómo reacciona tu cuerpo cuando lo haces; considera que con esta operación estás dialogando con tu propio ser a través de tus cosas. Por ello, es importante crear un entorno lo más tranquilo posible, y también te recomiendo que lo hagas a primera hora, pues el aire refrescante de la mañana despejará tus pensamientos, tu cuerpo y tu mente entrarán en acción y tu capacidad de decisión no se verá nublada.

Enfrentarte a tus cosas una a una y preguntarles «¿Cómo me haces sentir?» es una operación importante que no te debes saltar durante la tarea de ordenar. Mediante esta operación, confirmarás por primera vez qué cosas te gustan y qué tipo de vida te gustaría tener.

Claves para ordenar objeto por objeto 1:
ROPA

- **Si empiezas por la ropa de fuera de temporada, te resultará más fácil**

Empieza ordenando la ropa. ¿Has sacado ya de los armarios y de la cómoda toda la ropa que tienes por casa, tanto la de verano como la de invierno, y la has colocado toda en un mismo lugar?

Primero empieza por aquella con la que te resultará más fácil comprobar si sientes felicidad o no, o sea, las partes de arriba. Además, te recomiendo que comiences por la ropa de fuera de temporada y te hagas esta pregunta: «¿Quiero que, pase lo que pase, la próxima temporada nos volvamos a ver?». Si piensas «Pues tanto como "pase lo que pase", quizá no...», debes dejar ir a esa prenda en concreto.

Ahora bien, si no lo sabes, no te limites a tocar esa prenda, abrázala. Al principio no sabrás identificar muy bien si te produce felicidad y es posible que te preocupe emplear demasiado tiempo en una sola prenda, pero no te angusties, porque no pasa nada: **conforme vayas haciéndolo, cada vez tardarás menos en determinar si algo te produce felicidad o no.**

- **Con las técnicas para doblar y almacenar podrás guardar toda tu ropa**

Una vez que hayas elegido qué desechas y qué no, la cantidad de ropa que hayas conservado debería haberse reducido a un tercio o a un cuarto de lo que tenías al principio. Ahora te toca guardarla.

Existen dos métodos para almacenar la ropa: colgarla en perchas o doblarla y guardarla en cajones o similares.

Quizá te aburra ir doblando las prendas una por una y prefieras colgarlas, pero yo recomiendo, sin lugar a dudas, que la dobles y la guardes en cajones. Esto es porque el espacio necesario para almacenar la ropa doblada y la ropa colgada son muy diferentes: si doblas la ropa, podrás guardar entre dos y cuatro veces más prendas que si la cuelgas.

Si tu problema es que no tienes suficiente espacio de almacenamiento, se solucionará casi por completo doblando la ropa correctamente. Además, mientras doblas la ropa, **al tocarla con tus propias manos, le transmites energía.** Dóblala con todo tu cariño con las palmas de las manos, mientras piensas «Gracias por estar siempre ahí».

• Si cuelgas la ropa, es fundamental que la dispongas en una línea ascendente

Aunque es mejor que dobles tu ropa, también hay prendas que debes guardar colgadas, como abrigos, trajes, chaquetas, faldas o vestidos. Lo importante cuando adoptes este método de almacenamiento de tu ropa es que la dispongas siguiendo una línea ascendente, es decir, cuelga las prendas más largas y pesadas en la parte izquierda del armario y las más cortas y livianas en la parte derecha. Ten también en cuenta el color: coloca las prendas más oscuras a la izquierda y las más claras, a la derecha.

La razón de esto es que nos sentimos más cómodos cuando estamos ante una línea ascendente que ante una descendente. Si no me crees, haz la prueba: cuando, después de haber guardado la ropa siguiendo este método, abras la puerta del armario, seguro que, aunque no sepas por qué, sentirás tu corazón desbordante de felicidad.

• No dobles los sujetadores

Toda la ropa que se guarda en los cajones se tiene que doblar, pero hay una excepción: los sujetadores. Visualízalos: ¿no te parece que los sujetadores emiten una sensación especial que es diferente a las de las demás prendas de ropa? Los sujetadores son, más que una prenda de ropa, un «accesorio invisible», y es importante que los guardes dándoles la atención que se merecen.

Mete los tirantes en el interior de las copas y coloca cada sujetador detrás de otro. Te recomiendo que pongas delante los de color oscuro y más al fondo los de colores claros. De esta forma, seguro que la sensación de felicidad irá aumentando cada vez más.

Claves para ordenar objeto por objeto 2:
LIBROS

● **Despierta a los libros dormidos**

Es el turno de los libros. Saca todos los libros de las estanterías sin dejarte ninguno y amontónalos en el suelo. Quizá te preguntes si no sería más fácil verlos tal y como están en las estanterías, pero es fundamental que no te saltes la operación de sacarlos todos y cada uno de las estanterías. Lo cierto es que los libros que están guardados en estanterías y que llevan mucho tiempo sin moverse están *durmiendo*. Por ese motivo, si se quedan así, no es posible determinar si nos producen felicidad o no, así que, **a la hora de decidir si conservamos o tiramos un objeto, es importante que lo saquemos de donde está guardado y lo *despertemos*.**

Si tienes libros acumulados en el suelo, cámbialos de sitio para despertarlos. Si los dejas en las estanterías, no podrás decidirte, y lo único que sucederá es que habrás perdido el tiempo.

Si tienes muchos libros y no puedes ponerlos todos en un mismo sitio, organízalos en categorías (ve a la página 18) y ve libro por libro, cogiéndolo y decidiendo si te produce felicidad o no. Cuando lo estés haciendo, ni se te ocurra ponerte a leerlos: cuando lo haces, tu capacidad de decidir se debilita, así que limítate a tocarlos. Además, no te plantees cuestiones como «Puede que algún día vuelva a leerlo» o «Puede que me sea de utilidad»; toma la decisión únicamente en función de si te produce felicidad o no y deja en las estanterías solo aquellos libros que te hagan feliz al verlos ahí.

Los que pueden ser más molestos son los libros que aún no has terminado de leer o que piensas leer algún día, pues, comparados con los libros que ya has leído, son tremendamente difíciles de tirar. Sin embargo, y hablo desde mi experiencia, lo cierto es que ese «algún día» nunca llega. Si has perdido la oportunidad de leer ese libro en particular, es mejor que te rindas: el momento de leer un libro tiene que ser cuando vuestras vidas se cruzan.

Claves para ordenar objeto por objeto 3:
PAPELES

- **Regla de oro: conserva los documentos tales como contratos o aquellos papeles de los que aún no te hayas ocupado y tira el resto**

Nos parece que en una casa hay menos papeles que en una oficina, pero lo cierto es que no es así: cartas, circulares del colegio de nuestros hijos, facturas, periódicos... No hay nada más molesto que los papeles: por más que los ordenes, ¿no te parece que no producen nada de felicidad? De ahí mi conclusión: **la regla de oro es que tires todos los papeles.** Solo conserva los que estás utilizando, los que necesitarás de aquí a un tiempo y los que debes tener siempre, y deshazte sin temor de todos los demás. Luego, divide en dos categorías los que hayas conservado: papeles que hay que guardar y papeles de los que tienes que ocuparte. Reúne estos últimos en un único rincón destinado a tal efecto. Por su parte, subdivide los papeles que tienes que guardar en dos categorías:

- **Documentos que utilizas con poca frecuencia:** escrituras, contratos de alquiler y otros tipos de contratos, pólizas de seguros, garantías de electrodomésticos u otros productos.

- **Documentos que utilizas con mucha frecuencia:** papeles que quieres guardar, como recortes de artículos que te interesan o resúmenes de seminarios. Reducir este tipo de documentos es la clave para ordenar tus papeles.

Últimamente, los movimientos de las tarjetas de crédito o los manuales de los electrodomésticos se pueden consultar por internet. Además, en Japón es frecuente enviar postales de Año Nuevo. Estas postales han cumplido su misión en el momento en que el destinatario las recibe, pero si quieres conservarlas para tener la dirección de las personas que te las enviaron de cara al año que viene, guárdalas solo durante un año.

Por cierto, tus cartas de amor del pasado o tus diarios no entran dentro de la categoría de «papeles», sino en la de «objetos con valor sentimental», y será mejor que los dejes para el final.

Claves para ordenar objeto por objeto 4: *KOMONO*

● Despídete de los objetos que conservas «porque sí»

He bautizado como *komono* esta categoría, a la que pertenecen la mayoría de los objetos varios que tienes por casa y que guardas «porque sí». Veamos, abre cualquier cajón de la sala de estar. Tendrás muy poquitos objetos necesarios como cortaúñas o artículos de papelería: el resto serán objetos que te preguntarás qué hacen ahí, como monedas, botones de recambio de prendas de ropa, tornillos de vete a saber qué, horquillas... Tendrás un montón de cosas que has ido acumulando «porque sí», ¿verdad? Pues **llega el momento de despedirte de esta manera de actuar.**

Los *komono* también son una parte importante de tu vida y por eso merecen que los trates igual que a tus otras cosas: encárgate de ellos uno a uno y ordénalos adecuadamente. Aunque incluyen muchas subcategorías, si sigues el orden de la página 18, no tendrás problemas para organizarlos. Empieza por los objetos personales y por aquellos que puedes categorizar sin problemas.

Al reunirlos todos en un mismo lugar, te sorprenderá darte cuenta de la enorme cantidad de objetos que has ido acumulando «porque sí». Podrás tirar un montón de cosas sin pararte a pensar si te producen felicidad o no, pues en su mayoría ni siquiera las querrás. A modo de ejemplo, si dudas si te producen felicidad o no los objetos que siguen, tíralos directamente:

- **Regalos que siguen metidos en la caja:** la auténtica función de un regalo es que a la persona que lo reciba le lleguen los sentimientos del que se lo ha dado.

- **La caja en la que venía el móvil:** tírala en cuanto saques el móvil.

- **Cables que no sabes para qué son:** si ves un cable y no sabes de dónde es, no lo vas a volver a usar en la vida.

Derspídete también de botones de recambio de prendas de ropa, cajas de electrodomésticos, muestras de cosméticos que te han dado, aparatos para estar sano que no utilizas, artículos de publicidad que cogiste porque eran gratis...

Claves para ordenar objeto por objeto 5:
OBJETOS CON VALOR SENTIMENTAL

• **Decide valorar ahora si te producen felicidad**

Por fin ha llegado el momento de ordenar los objetos de la categoría más difícil: los objetos con valor sentimental. Pero no te preocupes, porque, si has terminado de ordenar todas tus cosas siguiendo el orden de ropa ▶ libros ▶ papeles ▶ *komono*, habrás hecho frente a muchas cosas y no tendrás ningún problema, pues tu capacidad de discernir si algo te produce felicidad habrá aumentado y seguro que tus decisiones serán correctas.

Donde es más difícil decidir si tiras algo o no es con los objetos que tienen valor sentimental: algo que te regaló tu madre en tu niñez, boletines con buenas notas, cartas de un antiguo amor... Todos son objetos llenos de recuerdos, así que tienes la sensación de que, si los tiras, tirarás también esos recuerdos tan importantes, y por eso te asaltan las dudas. Sin embargo, ten en cuenta que vivimos en el presente: por muy maravilloso que fuera el pasado, no podemos vivir en él. ¿No te parece que tu felicidad presente y futura es mucho más importante?

Una vez más, el criterio para decidirlo será si te produce felicidad. El espacio que tienes no debe ser para tu yo del pasado, sino para tu yo de lo que está por venir. Hay quien, como no quiere tirar estos objetos, los envía a casa de sus padres. Pero eso no es ordenar, sino hacer trampa: solo es posponer la decisión. Y, es más, los objetos que para ti tienen valor sentimental, para otras personas son cosas que no les producen ninguna felicidad, así que no puede ser que, egoístamente, endoses a los demás tus cosas.

Al ir objeto por objeto diciéndole en voz alta «Muchas gracias por la felicidad que me diste en su momento» mientras lo tocas, puedes enfrentarte por primera vez a tu pasado. **Ordenar consiste en ir resolviendo los problemas del pasado uno a uno,** ya que al ordenar los objetos que para ti tienen valor sentimental reinicias tu vida y empiezas a avanzar en la buena dirección, y con eso puedes poner fin al proceso de ordenar».

¡Adelante, empieza una vida llena de felicidad!

Ordenar también es una tarea en la que te enfrentas a tu yo del pasado, pues durante el proceso irás reviviendo distintos recuerdos: «Ahora me viene a la cabeza lo mucho que me gustaba esto cuando iba al colegio» o «Tras leer este libro me entraron ganas de trabajar con niños».

Tus pertenencias también te dicen con exactitud quién eres. Al adoptar esta manera de ordenar, **serás capaz de llegar al fondo de las cosas que verdaderamente te gustan** y que en algún momento quedaron arrinconadas por el ajetreo diario.

Sin duda, gracias al orden tu vida cambia. Eso no significa necesariamente que trabajes en lo que te gusta o que tengas éxito en la sociedad, pues el resultado más importante de haber ordenado no es producir cambios tan visibles, sino llegar a quererse a uno mismo.

La satisfacción que sentirás cuando al fin puedas decir «He terminado de ordenar» será enorme, pero no es solo eso: **al ordenar consigues confiar en tu propia capacidad de decisión.** Al repetir la operación de coger objeto por objeto y tomar una decisión, ya sea tirarlo o conservarlo, cientos, miles de veces, vas puliendo poco a poco esa capacidad.

Intenta imaginar una vida en la que solo te rodeen objetos que te producen felicidad. Vivirás sin nada más en mente que cuidar de esos objetos y pasar momentos maravillosos junto a ellos, y todos los días serán muy agradables y rebosarán felicidad. Me encantaría que comenzaras a vivir así lo antes posible.

En ese caso, ¿quiere eso decir que quienes no consigan terminar de ordenar no alcanzarán nunca la felicidad?

No, claro que no. Con el paso de los años me he dado cuenta de una cosa: **la felicidad no es algo que *se alcanza*, sino que *está ahí*.**

Por ejemplo, estás descansando de las tareas domésticas y quieres matar el gusanillo merendando algo. ¿Cómo meriendas? Pones el paquete de galletas sobre la mesa, lo acompañas de alguna bebida en botella de plástico y te dispones a tomarlo... Espera, espera un momento: ¿no tienes ahí un plato espléndido que está *durmiendo* en el aparador? Lo dejaste para las visitas, pero, a la hora de la verdad, apenas lo has utilizado. ¿No crees que se sentirá solo? Prueba a sacarlo del aparador y sirve ahí la merienda, y para la bebida saca también un vaso bonito y ponle un posavasos. ¿Qué tal ahora? En un abrir y cerrar de ojos, se ha convertido en una estupenda hora del té.

Otro ejemplo: ¿por qué no pones la foto de un viaje que hayáis hecho en familia en un marco bonito y la colocas en algún sitio de la sala de estar donde quede a la vista? Así revivirás los recuerdos agradables de aquel momento y quizá te ilusiones planeando nuevas escapadas.

Haciendo estas cosas conseguirás que la felicidad se materialice a través de los objetos que *están* en tu casa. No tienen que producirse hechos extraordinarios, pues, en mi opinión, **la felicidad con mayúsculas se produce si vivimos disfrutando cada instante de nuestras vidas.**

¡Ojalá que tú, que has comprado esta agenda, tengas un año lleno de felicidad mientras te rodeas de objetos y de personas que sean valiosos para ti!

Calendario de 2022

1 Enero	**2** Febrero	**3** Marzo	**4** Abril	**5** Mayo	**6** Junio
1 sáb Año Nuevo	1 mar	1 mar Día de las I. Baleares	1 vie	1 dom Día del Trabajo Día de la Madre	1 mié
2 dom	2 mié	2 mié	2 sáb	2 lun Día de la C. de Madrid	2 jue
3 lun	3 jue	3 jue	3 dom	3 mar	3 vie
4 mar	4 vie	4 vie	4 lun	4 mié	4 sáb
5 mié	5 sáb	5 sáb	5 mar	5 jue	5 dom
6 jue Día de Reyes	6 dom	6 dom	6 mié	6 vie	6 lun
7 vie	7 lun	7 lun	7 jue	7 sáb	7 mar
8 sáb	8 mar	8 mar Día Int. de la Mujer	8 vie	8 dom	8 mié
9 dom	9 mié	9 mié	9 sáb	9 lun	9 jue Día de Murcia Día de La Rioja
10 lun	10 jue	10 jue	10 dom	10 mar	10 vie
11 mar	11 vie	11 vie	11 lun	11 mié	11 sáb
12 mié	12 sáb	12 sáb	12 mar	12 jue	12 dom
13 jue	13 dom	13 dom	13 mié	13 vie	13 lun
14 vie	14 lun Día de los Enamorados	14 lun	14 jue Jueves Santo	14 sáb	14 mar
15 sáb	15 mar	15 mar	15 vie Viernes Santo	15 dom	15 mié
16 dom	16 mié	16 mié	16 sáb	16 lun	16 jue
17 lun	17 jue	17 jue	17 dom Domingo de Pascua	17 mar	17 vie
18 mar	18 vie	18 vie	18 lun Lunes de Pascua	18 mié	18 sáb
19 mié	19 sáb	19 sáb Día del Padre	19 mar	19 jue	19 dom
20 jue	20 dom	20 dom Equinoccio de primavera	20 mié	20 vie	20 lun
21 vie	21 lun	21 lun	21 jue	21 sáb	21 mar
22 sáb	22 mar	22 mar	22 vie	22 dom	22 mié
23 dom	23 mié	23 mié	23 sáb Día de Aragón Día de Castilla y León Día del libro	23 lun	23 jue
24 lun	24 jue	24 jue	24 dom	24 mar	24 vie
25 mar	25 vie	25 vie	25 lun	25 mié	25 sáb
26 mié	26 sáb	26 sáb	26 mar	26 jue	26 dom
27 jue	27 dom Carnaval	27 dom	27 mié	27 vie	27 lun
28 vie	28 lun Día de Andalucía	28 lun	28 jue	28 sáb	28 mar
29 sáb		29 mar	29 vie	29 dom	29 mié
30 dom		30 mié	30 sáb	30 lun Día de Canarias	30 jue
31 lun		31 jue		31 mar Día de Castilla-La Mancha	

7 Julio	8 Agosto	9 Septiembre	10 Octubre	11 Noviembre	12 Diciembre
1 vie	1 lun	1 jue	1 sáb	1 mar Todos los Santos	1 jue
2 sáb	2 mar	2 vie Día de Ceuta	2 dom	2 mié	2 vie
3 dom	3 mié	3 sáb	3 lun	3 jue	3 sáb Día de Navarra
4 lun	4 jue	4 dom	4 mar	4 vie	4 dom
5 mar	5 vie	5 lun	5 mié	5 sáb	5 lun
6 mié	6 sáb	6 mar	6 jue	6 dom	6 mar Día de la Constitución
7 jue	7 dom	7 mié	7 vie	7 lun	7 mié
8 vie	8 lun	8 jue Día de Asturias Día de Extremadura	8 sáb	8 mar	8 jue Inmaculada Concepción
9 sáb	9 mar	9 vie	9 dom Día de la C. Valenciana	9 mié	9 vie
10 dom	10 mié	10 sáb	10 lun	10 jue	10 sáb
11 lun	11 jue	11 dom Día de Cataluña Día de la Limpieza	11 mar	11 vie	11 dom
12 mar	12 vie	12 lun	12 mié Día de la Hispanidad	12 sáb	12 lun
13 mié	13 sáb	13 mar	13 jue	13 dom	13 mar
14 jue	14 dom	14 mié	14 vie	14 lun	14 mié
15 vie	15 lun Día de la Asunción de María	15 jue	15 sáb	15 mar	15 jue
16 sáb	16 mar	16 vie	16 dom	16 mié	16 vie
17 dom	17 mié	17 sáb Día de Melilla	17 lun	17 jue	17 sáb
18 lun	18 jue	18 dom	18 mar	18 vie	18 dom
19 mar	19 vie	19 lun	19 mié	19 sáb	19 lun
20 mié	20 sáb	20 mar	20 jue	20 dom	20 mar
21 jue	21 dom	21 mié	21 vie	21 lun	21 mié
22 vie	22 lun	22 jue	22 sáb	22 mar	22 jue
23 sáb	23 mar	23 vie Equinoccio de otoño	23 dom	23 mié	23 vie
24 dom	24 mié	24 sáb	24 lun	24 jue	24 sáb Nochebuena
25 lun Día de Galicia	25 jue	25 dom	25 mar	25 vie	25 dom Día de Navidad
26 mar	26 vie	26 lun	26 mié	26 sáb	26 lun
27 mié	27 sáb	27 mar	27 jue	27 dom	27 mar
28 jue Día de Cantabria	28 dom	28 mié	28 vie	28 lun	28 mié
29 vie	29 lun	29 jue	29 sáb	29 mar	29 jue
30 sáb	30 mar	30 vie	30 dom	30 mié	30 vie
31 dom	31 mié		31 lun		31 sáb Nochevieja

10

Octubre

月 Lun	火 Mar	水 Mié
27	28	29
4	5	6 Luna nueva
11	12 Día de la Hispanidad	13
18	19	20 Luna llena
25	26	27
1	2	3

木 Jue	金 Vie	土 Sáb	日 Dom
30	1	2	3
7	8	9 Día de la C. Valenciana	10
14	15	16	17
21	22	23	24
28	29	30	31
4	5		

10
11
12
1
2
3
4
5
6
7
8
9
10
11
12

9

L	M	X	J	V	S	D
			1	2	3	4	5
6	7	8	9	10	11	12
13	14	15	16	17	18	19
20	21	22	23	24	25	26
27	28	29	30			

11

L	M	X	J	V	S	D
1	2	3	4	5	6	7
8	9	10	11	12	13	14
15	16	17	18	19	20	21
22	23	24	25	26	27	28
29	30					

11

Noviembre

月 Lun	火 Mar	水 Mié
1 Día de Todos los Santos	2	3
8	9	10
15	16	17
22	23	24
29	30	1
4	5	6

木 Jue	金 Vie	土 Sáb	日 Dom
4 Luna nueva	5	6	7
11	12	13	14
18	19 Luna llena	20	21
25	26	27	28
2	3	4	5
7	8		

10
11
12
1
2
3
4
5
6
7
8
9
10
11
12

10

L	M	X	J	V	S	D
			1	2	3
4	5	6	7	8	9	10
11	12	13	14	15	16	17
18	19	20	21	22	23	24
25	26	27	28	29	30	31

12

L	M	X	J	V	S	D
			1	2	3	4	5
6	7	8	9	10	11	12
13	14	15	16	17	18	19
20	21	22	23	24	25	26
27	28	29	30	31

12 Diciembre

El orden nos permite reiniciar nuestra vida

Ya solo queda un mes para que dejemos atrás 2021. ¿Cómo te ha ido este año tan difícil?

Quizá para ti haya sido un año muy fructífero o hayas tenido cambios para bien, pero también puede haber sido un año normalito, y muchas personas habréis vivido momentos duros.

Lo que no debemos hacer es arrastrar al nuevo año los recuerdos desagradables, así que ¡vamos a reiniciar antes de que este acabe!

¿Verdad que tienes al fondo del armario o metidas en cajas cosas de las que, por un motivo o por otro, no quieres desprenderte? No importa el tiempo que pase: esas cosas te traen recuerdos del pasado y, aunque no te des cuenta, es probable que supongan un lastre para tu corazón.

No dudes en enfrentarte a los objetos que tienes en casa y tira todo aquello que no sea necesario para ti. ¡Venga, inténtalo!

Ordenar consiste en ir resolviendo los problemas del pasado uno a uno. Cuando uno toca las cosas y se deshace de ellas con sus propias manos, se está enfrentando por primera vez al pasado.

Antes de deshacerme de cualquier objeto, les digo en voz alta a todos y cada uno de ellos «Muchas gracias», y después los tiro.

En especial, procuro tirar con todo el cuidado posible los «objetos que tienen alma», tales como peluches o muñecas. A veces también he echado un poco de sal gorda en la bolsa de la basura para purificarlos, pues para los japoneses la sal ahuyenta a los malos espíritus. Si te deshaces de ellos albergando el sentimiento de haber llevado a cabo un funeral, las penas del corazón serán más ligeras.

Además, si ante fotos o regalos que recibiste de amistades que tenías en el pasado te surgen pensamientos como «me gustaría limpiar del todo los lazos que tenía con esa persona», introduce esas cosas en un sobre y échales también un poco de sal.

Todos y cada uno de esos objetos son una prueba de que has vivido esos momentos de la vida como corresponde. Ahora dile a cada uno «Muchas gracias por la felicidad que me diste en aquel momento» y sepárate de ellos.

Yo también quiero reiniciar mi mente y dar la bienvenida a mi casa al nuevo año sintiéndome bien.

¡Inténtalo!

Hábitos para alcanzar la felicidad de diciembre

A modo de calentamiento, establece los hábitos para alcanzar la felicidad de este mes.

⬤ ¿Qué cosas has ordenado durante este año?

⬤ ¿Qué cosas aún no has podido ordenar?

☆ **Unas palabras de Marie Kondo**

Aún queda un mes para que acabe 2021. Enfréntate a los objetos que estás ordenando y a los que no y reinicia tanto tu casa como tu mente.

● Fija los hábitos (pequeñas acciones) para alcanzar la felicidad de este mes.

Memo

12

Diciembre

Quizá pensabas «¡Este año sí que sí!», pero resulta que al final no has ordenado. La razón es que tu objetivo era ordenar, cuando en realidad debería haber sido buscar una vida que te haga feliz.

Ve en busca de la felicidad
Si en tu día a día consigues encontrar motivos de felicidad, señala ese día concreto.

Comprueba qué planes tienes para fin de año
Antes de que acabe el año, repasa qué tienes pensado hacer esos días y cuándo lo vas a hacer.

月 Lun	火 Mar	水 Mié
29	30	1
6 Día de la Constitución	7	8 Inmaculada Concepción
13	14	15
20	21	22
27	28	29
3	4	5

木 Jue	金 Vie	土 Sáb	日 Dom
2	3 Día de Navarra	4 Luna nueva	5
9	10	11	12
16	17	18	19 Luna llena ●
23	24 Nochebuena	25 Navidad	26
30	31 Nochevieja	1	2
6	7		

10
11
12
1
2
3
4
5
6
7
8
9
10
11
12

11

L	M	X	J	V	S	D
1	2	3	4	5	6	7
8	9	10	11	12	13	14
15	16	17	18	19	20	21
22	23	24	25	26	27	28
29	30					

1

L	M	X	J	V	S	D
					1	2
3	4	5	6	7	8	9
10	11	12	13	14	15	16
17	18	19	20	21	22	23
24	25	26	27	28	29	30
31						

12

Diciembre

☆ Cosas que quiero ordenar esta semana

29 月 Lun

☐
☐
☐
a. m.

p. m.

30 火 Mar

☐
☐
☐
a. m.

p. m.

1 水 Mié

☐
☐
☐
a. m.

p. m.

2 木 Jue

☐
☐
☐
a. m.

p. m.

☆ Mi motivo de felicidad de hoy

40

11								**1**						
L	M	X	J	V	S	D		L	M	X	J	V	S	D
1	2	3	4	5	6	7							1	2
8	9	10	11	12	13	14		3	4	5	6	7	8	9
15	16	17	18	19	20	21		10	11	12	13	14	15	16
22	23	24	25	26	27	28		17	18	19	20	21	22	23
29	30							24	25	26	27	28	29	30
								31						

Palabras mágicas
«Algo que te produce felicidad» es «algo que te transmite alegría»: ¡dilo como quieras!

3 金 Vie Día de Navarra

☐
☐
☐
a. m.

p. m.

4 ± Sáb

☐
☐
☐
a. m.

p. m.

5 日 Dom

☐
☐
☐
a. m.

p. m.

☆ Esta semana he cambiado en...

10
11
12
1
2
3
4
5
6
7
8
9
10
11
12

☆ Mi motivo de felicidad de hoy

Cómo doblar la ropa: primeros pasos ¡EMPIEZA!

41

12

Diciembre

☆ Cosas que quiero ordenar esta semana

6 月 Lun Día de la Constitución　**7** 火 Mar　**8** 水 Mié Inmaculada Concepción　**9** 木 Jue

☐
☐
☐
a. m.

☐
☐
☐
a. m.

☐
☐
☐
a. m.

☐
☐
☐
a. m.

p. m.

p. m.

p. m.

p. m.

☆ Mi motivo de felicidad de hoy

11								**1**						
L	M	X	J	V	S	D		L	M	X	J	V	S	D
1	2	3	4	5	6	7							1	2
8	9	10	11	12	13	14		3	4	5	6	7	8	9
15	16	17	18	19	20	21		10	11	12	13	14	15	16
22	23	24	25	26	27	28		17	18	19	20	21	22	23
29	30							24	25	26	27	28	29	30
								31						

Palabras mágicas

Busca un lugar apropiado para aquellos objetos de uso cotidiano que a simple vista son sosos o que no tienen nada que ver con la felicidad.

10 金 Vie
☐
☐
☐
a. m.

p. m.

11 土 Sáb
☐
☐
☐
a. m.

p. m.

12 日 Dom
☐
☐
☐
a. m.

p. m.

☆ Esta semana he cambiado en...

10
11
12
1
2
3
4
5
6
7
8
9
10
11
12

☆ Mi motivo de felicidad de hoy

Empezamos doblándola a lo largo.

12

☆ Cosas que quiero ordenar esta semana

13 月 Lun

☐
☐
☐
a. m.

p. m.

14 火 Mar

☐
☐
☐
a. m.

p. m.

15 水 Mié

☐
☐
☐
a. m.

p. m.

16 木 Jue

☐
☐
☐
a. m.

p. m.

☆ Mi motivo de felicidad de hoy

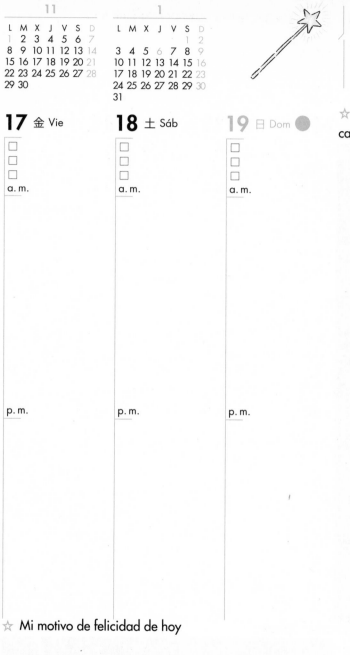

11

L	M	X	J	V	S	D
1	2	3	4	5	6	7
8	9	10	11	12	13	14
15	16	17	18	19	20	21
22	23	24	25	26	27	28
29	30					

1

L	M	X	J	V	S	D
					1	2
3	4	5	6	7	8	9
10	11	12	13	14	15	16
17	18	19	20	21	22	23
24	25	26	27	28	29	30
31						

Palabras mágicas

Si los artículos de usar y tirar te parecen un desperdicio, reutilízalos tanto como te apetezca.

17 金 Vie

☐
☐
☐
a. m.

p. m.

18 土 Sáb

☐
☐
☐
a. m.

p. m.

19 日 Dom ●

☐
☐
☐
a. m.

p. m.

☆ Esta semana he cambiado en...

10

11

12

1

2

3

4

5

6

7

8

9

10

11

12

☆ Mi motivo de felicidad de hoy

Doblamos las mangas hacia fuera.

12

☆ Cosas que quiero ordenar esta semana

20 月 Lun
- ☐
- ☐
- ☐

a. m.

p. m.

21 火 Mar
- ☐
- ☐
- ☐

a. m.

p. m.

22 水 Mié
- ☐
- ☐
- ☐

a. m.

p. m.

23 木 Jue
- ☐
- ☐
- ☐

a. m.

p. m.

☆ Mi motivo de felicidad de hoy

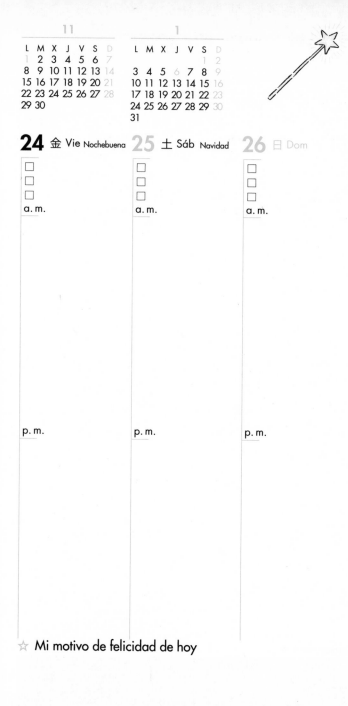

11							
L	M	X	J	V	S	D
1	2	3	4	5	6	7
8	9	10	11	12	13	14
15	16	17	18	19	20	21
22	23	24	25	26	27	28
29	30					

1							
L	M	X	J	V	S	D
					1	2
3	4	5	6	7	8	9
10	11	12	13	14	15	16
17	18	19	20	21	22	23
24	25	26	27	28	29	30
31						

Palabras mágicas

Destina una «caja de asuntos pendientes» a aquellos papeles de los que tengas que ocuparte e intenta mantenerla siempre vacía.

24 金 Vie Nochebuena

☐
☐
☐
a. m.

p. m.

25 土 Sáb Navidad

☐
☐
☐
a. m.

p. m.

26 日 Dom

☐
☐
☐
a. m.

p. m.

☆ Esta semana he cambiado en...

10

11

12

1

2

3

4

5

6

7

8

9

10

11

12

☆ Mi motivo de felicidad de hoy

Hacemos lo mismo con el otro lado.

12

Diciembre

☆ Cosas que quiero ordenar esta semana

27 月 Lun
☐
☐
☐
a. m.

p. m.

28 火 Mar
☐
☐
☐
a. m.

p. m.

29 水 Mié
☐
☐
☐
a. m.

p. m.

30 木 Jue
☐
☐
☐
a. m.

p. m.

☆ Mi motivo de felicidad de hoy

| 11 |
L	M	X	J	V	S	D
1	2	3	4	5	6	7
8	9	10	11	12	13	14
15	16	17	18	19	20	21
22	23	24	25	26	27	28
29	30					

| 1 |
L	M	X	J	V	S	D
					1	2
3	4	5	6	7	8	9
10	11	12	13	14	15	16
17	18	19	20	21	22	23
24	25	26	27	28	29	30
31						

Palabras mágicas
Si no tienes tiempo, ordena tus cosas por categorías.

31 金 Vie Nochevieja

☐
☐
☐
a. m.

p. m.

1 ± Sáb

☐
☐
☐
a. m.

p. m.

2 日 Dom

☐
☐
☐
a. m.

p. m.

☆ Esta semana he cambiado en...

10
11
12
1
2
3
4
5
6
7
8
9
10
11
12

☆ Mi motivo de felicidad de hoy

¡Sigue en la página 55!

49

Fija tus hábitos para alcanzar la felicidad

«Me dicen que encuentre la felicidad, pero no hay manera» o «¿Con qué puedo alcanzar la felicidad?». Si alguna vez has pensado esto, te recomiendo que crees tus «hábitos para alcanzar la felicidad»; estamos hablando de hábitos, pero tampoco es nada del otro mundo. Por ejemplo, mi «hábito mañanero para alcanzar la felicidad» consiste en abrir la ventana en cuanto me levanto e inspirar profundamente.

Quizá te preguntes para qué me sirve eso, pero lo cierto es que, si te llenas los pulmones de aire fresco, tu cuerpo poco a poco se irá llenando de energía.

Después, por las mañanas también acostumbro a saludar a las plantas que tengo por casa con un «¡Buenos días!» y prepararme una infusión de hierbas o un té que sintonice con mi estado de ánimo. A continuación, planeo cómo voy a pasar el día.

Desde mi propia experiencia, **si eres capaz de crear «un instante de felicidad» en el tiempo que va desde que te levantas hasta que sales de casa, la probabilidad de que algo te haga feliz durante el día aumentará de forma espectacular.**

Por el contrario, por la noche solo me apetece relajarme, así que no pienso en lo que voy a hacer. Lo único que hago sin falta antes de irme a dormir es mi rezo particular: una vez en la cama, cierro los ojos y doy las gracias desde el fondo de mi corazón por que el día se haya desarrollado sin contratiempos; a quien le doy las gracias no es a Dios, sino a las cosas o a las personas que tengo cerca.

Empiezo con todas y cada una de las cosas que me protegen, después sigo con mi familia, tanto con los que viven conmigo como con mi padre, mi madre, mis hermanos... Así, mientras sus imágenes se van sucediendo rápidamente en mi cabeza, les voy transmitiendo mi gratitud con un «gracias».

Una vez hecho esto, me voy sumiendo en un plácido sueño con una sensación de seguridad, como si estuviera envuelta en algo muy grande, y al día siguiente me despierto con energías renovadas, como si hubiera vuelto a nacer.

Para que te sientas a gusto durante todo el día, intenta pensar en tus «hábitos para alcanzar la felicidad».

Hábitos para alcanzar la felicidad de enero

A modo de calentamiento, establece los hábitos para alcanzar la felicidad de este mes.

● ¿A qué te gustaría darle importancia cada día?

● ¿En qué te gustaría continuar esforzándote?

☆ **Unas palabras de Marie Kondo**

Cuando te levantes por la mañana, saluda a tus plantas con un «¡Buenos días!», por la noche relájate y adopta tus propios hábitos para alcanzar la felicidad.

● Fija los hábitos (pequeñas acciones) para alcanzar la felicidad de este mes.

Memo

1

Enero

¡Cuando hayas terminado de ordenar, alcanzarás la felicidad en tu vida! Fíjate objetivos para alcanzar la felicidad, tales como «tener una vida que me haga feliz» o «conseguir mi vida ideal».

Decide qué día empezarás a ordenar ¿Cuándo comenzarás a ordenar? ¡Pon una pegatina en el día que hayas decidido y, mientras te inunda la felicidad, espera con ilusión a que llegue ese día!

月 Lun	火 Mar	水 Mié
27	28	29
3	4	5
10	11	12
17	18　Luna llena ●	19
24	25	26
31	1	2

木 Jue	金 Vie	土 Sáb	日 Dom
30	31	1 Año Nuevo	2 Luna nueva
6 Día de los Reyes	7	8	9
13	14	15	16
20	21	22	23
27	28	29	30
3	4		

10
11
12
1
2
3
4
5
6
7
8
9
10
11
12

12

L	M	X	J	V	S	D
		1	2	3	4	5
6	7	8	9	10	11	12
13	14	15	16	17	18	19
20	21	22	23	24	25	26
27	28	29	30	31		

2

L	M	X	J	V	S	D
	1	2	3	4	5	6
7	8	9	10	11	12	13
14	15	16	17	18	19	20
21	22	23	24	25	26	27
28						

1

☆ Cosas que quiero ordenar esta semana

27 月 Lun

☐
☐
☐
a. m.

p. m.

28 火 Mar

☐
☐
☐
a. m.

p. m.

29 水 Mié

☐
☐
☐
a. m.

p. m.

30 木 Jue

☐
☐
☐
a. m.

p. m.

☆ Mi motivo de felicidad de hoy

12						
L	M	X	J	V	S	D
		1	2	3	4	5
6	7	8	9	10	11	12
13	14	15	16	17	18	19
20	21	22	23	24	25	26
27	28	29	30	31		

2						
L	M	X	J	V	S	D
	1	2	3	4	5	6
7	8	9	10	11	12	13
14	15	16	17	18	19	20
21	22	23	24	25	26	27
28						

Palabras mágicas

Decide un lugar donde dejar temporalmente la ropa que tienes para lavar. Una buena idea es colocarla en una cesta o en perchas.

31 金 Vie

☐
☐
☐
a. m.

p. m.

1 土 Sáb Año Nuevo

☐
☐
☐
a. m.

p. m.

2 日 Dom

☐
☐
☐
a. m.

p. m.

☆ **Esta semana he cambiado en...**

10

11

12

1

2

3

4

5

6

7

8

9

10

11

12

☆ Mi motivo de felicidad de hoy

La doblamos por la mitad sin llegar al extremo superior.

1

Enero

☆ Cosas que quiero ordenar esta semana

3 月 Lun

☐
☐
☐
a. m.

p. m.

4 火 Mar

☐
☐
☐
a. m.

p. m.

5 水 Mié

☐
☐
☐
a. m.

p. m.

6 木 Jue Día de los Reyes

☐
☐
☐
a. m.

p. m.

☆ Mi motivo de felicidad de hoy

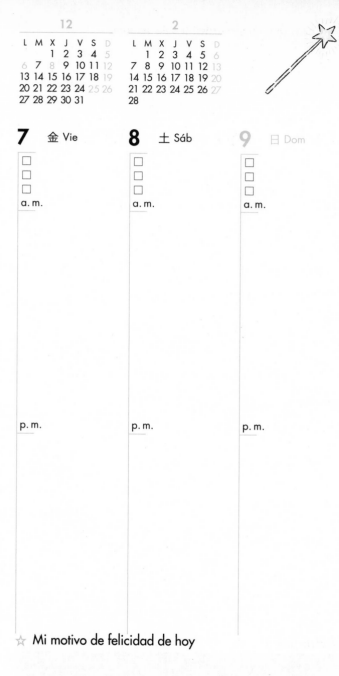

12						
L	M	X	J	V	S	D
	1	2	3	4	5
6	7	8	9	10	11	12
13	14	15	16	17	18	19
20	21	22	23	24	25	26
27	28	29	30	31		

2						
L	M	X	J	V	S	D
	1	2	3	4	5	6
7	8	9	10	11	12	13
14	15	16	17	18	19	20
21	22	23	24	25	26	27
28						

Palabras mágicas

Envuelve en papel los peluches y las muñecas y tápales los ojos. Por último, échales una pizca de sal y deshazte de ellos.

7 金 Vie

☐
☐
☐
a. m.

p. m.

8 土 Sáb

☐
☐
☐
a. m.

p. m.

9 日 Dom

☐
☐
☐
a. m.

p. m.

☆ Esta semana he cambiado en...

10
11
12
1
2
3
4
5
6
7
8
9
10
11
12

☆ Mi motivo de felicidad de hoy

La doblamos dos veces sobre sí misma.

☆ Cosas que quiero ordenar esta semana

10 月 Lun
- ☐
- ☐
- ☐

a. m.

p. m.

11 火 Mar
- ☐
- ☐
- ☐

a. m.

p. m.

12 水 Mié
- ☐
- ☐
- ☐

a. m.

p. m.

13 木 Jue
- ☐
- ☐
- ☐

a. m.

p. m.

☆ Mi motivo de felicidad de hoy

12						
L	M	X	J	V	S	D
	1	2	3	4	5
6	7	8	9	10	11	12
13	14	15	16	17	18	19
20	21	22	23	24	25	26
27	28	29	30	31		

2						
L	M	X	J	V	S	D
	1	2	3	4	5	6
7	8	9	10	11	12	13
14	15	16	17	18	19	20
21	22	23	24	25	26	27
28						

Palabras mágicas

Cuando examines tu ropa prenda a prenda y no sepas si te produce felicidad, clasifícala en función de las prendas que te gustan más.

14 金 Vie

☐
☐
☐
a. m.

p. m.

15 ± Sáb

☐
☐
☐
a. m.

p. m.

16 日 Dom

☐
☐
☐
a. m.

p. m.

☆ **Esta semana he cambiado en...**

10

11

12

1

2

3

4

5

6

7

8

9

10

11

12

☆ Mi motivo de felicidad de hoy

¡TERMINADO!

☆ Cosas que quiero ordenar esta semana

17 月 Lun

☐
☐
☐
a. m.

p. m.

18 火 Mar ●

☐
☐
☐
a. m.

p. m.

19 水 Mié

☐
☐
☐
a. m.

p. m.

20 木 Jue

☐
☐
☐
a. m.

p. m.

☆ Mi motivo de felicidad de hoy

12						
L	M	X	J	V	S	D
	1	2	3	4	5
6	7	8	9	10	11	12
13	14	15	16	17	18	19
20	21	22	23	24	25	26
27	28	29	30	31		

2						
L	M	X	J	V	S	D
	1	2	3	4	5	6
7	8	9	10	11	12	13
14	15	16	17	18	19	20
21	22	23	24	25	26	27
28						

Palabras mágicas
Deshazte de los artículos usados que no sepas dónde guardar. ¡Y nada de guardarlos en cajas de cartón!

21 金 Vie
☐
☐
☐
a. m.

p. m.

22 ± Sáb
☐
☐
☐
a. m.

p. m.

23 日 Dom
☐
☐
☐
a. m.

p. m.

☆ Esta semana he cambiado en...

10

11

12

1

2

3

4

5

6

7

8

9

10

11

12

☆ Mi motivo de felicidad de hoy

63

☆ Cosas que quiero ordenar esta semana

24 月 Lun

☐
☐
☐
a. m.

p. m.

25 火 Mar

☐
☐
☐
a. m.

p. m.

26 水 Mié

☐
☐
☐
a. m.

p. m.

27 木 Jue

☐
☐
☐
a. m.

p. m.

☆ Mi motivo de felicidad de hoy

12						
L	M	X	J	V	S	D
	1	2	3	4	5
6	7	8	9	10	11	12
13	14	15	16	17	18	19
20	21	22	23	24	25	26
27	28	29	30	31		

2						
L	M	X	J	V	S	D
	1	2	3	4	5	6
7	8	9	10	11	12	13
14	15	16	17	18	19	20
21	22	23	24	25	26	27
28						

Palabras mágicas

Hazte estas preguntas:
¿Cuándo has utilizado
aquellas cosas que no has
tirado porque son caras?
¿Piensas utilizarlas mañana?

28 金 Vie
☐
☐
☐
a. m.

p. m.

29 ± Sáb
☐
☐
☐
a. m.

p. m.

30 日 Dom
☐
☐
☐
a. m.

p. m.

☆ Esta semana he
cambiar en...

10

11

12

1

2

3

4

5

6

7

8

9

10

11

12

☆ Mi motivo de felicidad de hoy

1

☆ Cosas que quiero ordenar esta semana

31 月 Lun

☐
☐
☐
a. m.

p. m.

1 火 Mar

☐
☐
☐
a. m.

p. m.

2 水 Mié

☐
☐
☐
a. m.

p. m.

3 木 Jue

☐
☐
☐
a. m.

p. m.

☆ Mi motivo de felicidad de hoy

12						
L	M	X	J	V	S	D
	1	2	3	4	5
6	7	8	9	10	11	12
13	14	15	16	17	18	19
20	21	22	23	24	25	26
27	28	29	30	31		

2						
L	M	X	J	V	S	D
	1	2	3	4	5	6
7	8	9	10	11	12	13
14	15	16	17	18	19	20
21	22	23	24	25	26	27
28						

Palabras mágicas

Si, por ejemplo, en una revista encuentras fotos que te produzcan alegría, recórtalas, guárdalas en la agenda y, cuando tengas tiempo, ordénalas.

4 金 Vie
☐
☐
☐
a. m.

p. m.

5 土 Sáb
☐
☐
☐
a. m.

p. m.

6 日 Dom
☐
☐
☐
a. m.

p. m.

☆ Esta semana he cambiado en...

10

11

12

1

2

3

4

5

6

7

8

9

10

11

12

☆ Mi motivo de felicidad de hoy

Si mejoro en el orden ¿también me va a ir mejor en el amor?

Es un misterio, pero entre los clientes que he tenido hasta el momento, muchos me han dicho: «Después de haber estado ordenando, me va mejor en el amor».

No es que esté intentando venderte que ordenando tendrás más suerte en el amor, pero lo cierto es que sí ha habido muchos casos así. A los resultados me remito.

Hay quienes me han dicho: «Una vez que he superado lo mal que se me daba ordenar, he ganado confianza en mí mismo e incluso me he vuelto más proactivo en el amor». A la inversa, otras personas me han informado de que «Por fin he decidido romper con la pareja con la que llevaba años arrastrando una relación». Elijas el camino que elijas, lo cierto es que **ordenar tu casa también resulta efectivo para poner orden en el amor.**

Asimismo, ha habido muchos clientes que me han dicho que sus relaciones de pareja han mejorado. Para una clienta en concreto, en la relación que tenía con su marido hasta ese momento «había un reparto firme de las tareas», pero después terminó pensando que quería que todos construyeran su familia, y parece que la comunicación con su marido aumentó. Es más, me confesó, con un poco de vergüenza, que era la primera vez que él le decía sin ambages que se alegraba de haberse casado con ella.

Dicen que el desorden que hay en tu casa es el desorden que hay en tu mente, pero lo que de verdad pasa es que cuando tienes la casa patas arriba, te encuentras en una situación en la que no puedes ver tus problemas, ya que los oculta la escena de caos total que tienes ante ti.

No obstante, **cuando has ordenado tu casa y la has dejado limpia y como nueva, tus sentimientos se aclaran y de lo más profundo de tu ser salen a la luz los problemas que de verdad te preocupaban.** Es entonces cuando no tienes más remedio que afrontar las preocupaciones que hasta ahora habías estado evitando.

Por cierto, según mi experiencia, parece que la gente que no tiene pareja tiende a acumular ropa y papeles viejos. De la misma forma, también parece que aquellos que no se encuentran a gusto en su relación de pareja suelen ser dejados con sus pertenencias.

Desde el momento en que empezamos a ordenar, todos nos vemos obligados a reiniciar nuestras vidas, que, como resultado, deberían empezar a ponerse en marcha.

Hábitos para alcanzar la felicidad de febrero

A modo de calentamiento, establece los hábitos para alcanzar la felicidad de este mes.

● ¿Quién es importante para ti?

● En tu fuero interno, ¿qué te incomoda?

☆ **Unas palabras de Marie Kondo**

Cuando tu casa queda reluciente, tus inquietudes se esfuman y tus sentimientos se aclaran. Estoy convencida de que pasarás un buen día de San Valentín.

● Fija los hábitos (pequeñas acciones) para alcanzar la felicidad de este mes.

Memo

2022

2

Febrero

La vida es la acumulación de un día tras otro, así que fija tus hábitos (pequeñas acciones) del día a día para alcanzar la felicidad.

月 Lun	火 Mar	水 Mié
31	1 Luna nueva	2
7	8	9
14 Día de los Enamorados	15	16 Luna llena
21	22	23
28 Día de Andalucía	1	2
7	8	9

Apunta en esta agenda tus momentos de felicidad
Pon una pegatina o foto que represente la felicidad para ti.

木 Jue	金 Vie	土 Sáb	日 Dom
3	4	5	6
10	11	12	13
17	18	19	20
24	25	26	27 Carnaval
3	4	5	6
10	11		

1

L	M	X	J	V	S	D
					1	2
3	4	5	6	7	8	9
10	11	12	13	14	15	16
17	18	19	20	21	22	23
24	25	26	27	28	29	30
31						

3

L	M	X	J	V	S	D
	1	2	3	4	5	6
7	8	9	10	11	12	13
14	15	16	17	18	19	20
21	22	23	24	25	26	27
28	29	30	31			

2

Febrero

☆ Cosas que quiero ordenar esta semana

31 月 Lun

☐
☐
☐
a. m.

p. m.

1 火 Mar ☼

☐
☐
☐
a. m.

p. m.

2 水 Mié

☐
☐
☐
a. m.

p. m.

3 木 Jue

☐
☐
☐
a. m.

p. m.

☆ Mi motivo de felicidad de hoy

		1								3				
L	M	X	J	V	S	D	L	M	X	J	V	S	D
					1	2		1	2	3	4	5	6
3	4	5	6	7	8	9	7	8	9	10	11	12	13
10	11	12	13	14	15	16	14	15	16	17	18	19	20
17	18	19	20	21	22	23	21	22	23	24	25	26	27
24	25	26	27	28	29	30	28	29	30	31			
31													

Palabras mágicas

Es fundamental reducir la cantidad de libros de las estanterías. Selecciónalos basándote en si al tocarlos te producen felicidad o no.

4 金 Vie

☐
☐
☐
a. m.

p. m.

5 土 Sáb

☐
☐
☐
a. m.

p. m.

6 日 Dom

☐
☐
☐
a. m.

p. m.

☆ Esta semana he cambiado en...

10
11
12
1
2
3
4
5
6
7
8
9
10
11
12

☆ Mi motivo de felicidad de hoy

75

2

☆ Cosas que quiero ordenar esta semana

7 月 Lun

☐
☐
☐
a. m.

p. m.

8 火 Mar

☐
☐
☐
a. m.

p. m.

9 水 Mié

☐
☐
☐
a. m.

p. m.

10 木 Jue

☐
☐
☐
a. m.

p. m.

☆ Mi motivo de felicidad de hoy

L	M	X	J	V	S	D
					1	2
3	4	5	6	7	8	9
10	11	12	13	14	15	16
17	18	19	20	21	22	23
24	25	26	27	28	29	30
31						

1

L	M	X	J	V	S	D
1	2	3	4	5	6	
7	8	9	10	11	12	13
14	15	16	17	18	19	20
21	22	23	24	25	26	27
28	29	30	31			

3

Palabras mágicas

Si dejas los zapatos a la entrada de casa, aprovecha cuando limpies el recibidor para limpiar también las suelas de los zapatos.

11 金 Vie
☐
☐
☐
a. m.

p. m.

12 ± Sáb
☐
☐
☐
a. m.

p. m.

13 日 Dom
☐
☐
☐
a. m.

p. m.

☆ Esta semana he cambiado en...

10
11
12
1
2
3
4
5
6
7
8
9
10
11
12

☆ Mi motivo de felicidad de hoy

77

2

Febrero

☆ Cosas que quiero ordenar esta semana

14 月 Lun ^{Día de los Enamorados} **15** 火 Mar **16** 水 Mié ● **17** 木 Jue

☐
☐
☐
a. m.

☐
☐
☐
a. m.

☐
☐
☐
a. m.

☐
☐
☐
a. m.

p. m.

p. m.

p. m.

p. m.

☆ Mi motivo de felicidad de hoy

			1			
L	M	X	J	V	S	D
					1	2
3	4	5	6	7	8	9
10	11	12	13	14	15	16
17	18	19	20	21	22	23
24	25	26	27	28	29	30
31						

			3			
L	M	X	J	V	S	D
	1	2	3	4	5	6
7	8	9	10	11	12	13
14	15	16	17	18	19	20
21	22	23	24	25	26	27
28	29	30	31			

Palabras mágicas
No amontones botes y frascos en la bañera. Coge de su sitio los productos de baño cuando los necesites.

18 金 Vie
☐
☐
☐
a. m.

p. m.

19 ± Sáb
☐
☐
☐
a. m.

p. m.

20 日 Dom
☐
☐
☐
a. m.

p. m.

☆ Esta semana he cambiado en...

10
11
12
1
2
3
4
5
6
7
8
9
10
11
12

☆ Mi motivo de felicidad de hoy

2

Febrero

☆ Cosas que quiero ordenar esta semana

21 月 Lun

☐
☐
☐
a. m.

p. m.

22 火 Mar

☐
☐
☐
a. m.

p. m.

23 水 Mié

☐
☐
☐
a. m.

p. m.

24 木 Jue

☐
☐
☐
a. m.

p. m.

☆ Mi motivo de felicidad de hoy

1

L	M	X	J	V	S	D
					1	2
3	4	5	6	7	8	9
10	11	12	13	14	15	16
17	18	19	20	21	22	23
24	25	26	27	28	29	30
31						

3

L	M	X	J	V	S	D
	1	2	3	4	5	6
7	8	9	10	11	12	13
14	15	16	17	18	19	20
21	22	23	24	25	26	27
28	29	30	31			

Palabras mágicas

Reúne momentos de felicidad en un libro de recortes. Cuando notes que la capacidad de que algo te produzca felicidad se debilita, contempla el álbum.

25 金 Vie

☐
☐
☐
a. m.

p. m.

26 ± Sáb

☐
☐
☐
a. m.

p. m.

27 日 Dom Carnaval

☐
☐
☐
a. m.

p. m.

☆ Esta semana he cambiado en...

10

11

12

1

2

3

4

5

6

7

8

9

10

11

12

☆ Mi motivo de felicidad de hoy

81

2

Febrero

☆ Cosas que quiero ordenar esta semana

28 月 Lun Día de Andalucía

☐
☐
☐
a. m.

p. m.

1 火 Mar

☐
☐
☐
a. m.

p. m.

2 水 Mié

☐
☐
☐
a. m.

p. m.

3 木 Jue

☐
☐
☐
a. m.

p. m.

☆ Mi motivo de felicidad de hoy

1

L	M	X	J	V	S	D
					1	2
3	4	5	6	7	8	9
10	11	12	13	14	15	16
17	18	19	20	21	22	23
24	25	26	27	28	29	30
31						

3

L	M	X	J	V	S	D
	1	2	3	4	5	6
7	8	9	10	11	12	13
14	15	16	17	18	19	20
21	22	23	24	25	26	27
28	29	30	31			

Palabras mágicas
Si aprecias los momentos de felicidad, te será más fácil alcanzarlos.

4 金 Vie

☐
☐
☐
a. m.

p. m.

5 ± Sáb

☐
☐
☐
a. m.

p. m.

6 日 Dom

☐
☐
☐
a. m.

p. m.

☆ Esta semana he cambiado en...

10
11
12
1
2
3
4
5
6
7
8
9
10
11
12

☆ Mi motivo de felicidad de hoy

3 Marzo

Imagina tu vida ideal

Antes de ponerte a ordenar, es importante que imagines tu vida ideal. Sin embargo, siempre que les pregunto a mis clientes cómo sería su vida ideal, obtengo respuestas como estas:

«¡Me gustaría que estuviéramos rodeados de muebles de estilo escandinavo y tener una cocina amplia! Pero la realidad es que vivimos en un pequeño bloque de apartamentos».

«Estaría bien vivir en una casa donde al abrir las ventanas se viera el mar. En fin, no nos podemos mudar, así que es imposible».

No hay duda de que, por mucho que hayas ordenado y todo haya quedado reluciente, resulta difícil cambiar todas las cosas, muebles incluidos, y también es complicado cambiar de casa.

Sin embargo, **tu vida ideal es lo que para ti sería la manera idónea de emplear el tiempo, y es una actitud**, es decir, no es lo que sería tu casa ideal.

Cuando vivía con mis padres, mi cuarto medía unos nueve metros cuadrados y ni siquiera tenía ventanas. Yo quería una habitación más grande y unas cortinas preciosas en la ventana. Eso era lo ideal para mí, pero estaba muy lejos de la realidad.

A pesar de todo, ¡me encantaba mi cuarto!

Al otro lado de la cama tenía siempre una flor, y antes de irme a dormir aspiraba su aroma y escuchaba música clásica. Lo que hacía entonces era poner en práctica lo que para mí era mi vida ideal.

Aunque no puedas cambiar tu casa, sí puedes cambiar tu vida. Cuando pienses en la vida ideal, no pienses solo en el tipo de casa donde te gustaría vivir, sino también en aquello que te gustaría hacer, es decir, en las cosas en las que querrías emplear tu día a día.

Nadie debería tener reparos: al fin y al cabo, aquello que es ideal para ti no es tu meta, sino, como su nombre indica, es un ideal, así que puedes planteártelo como quieras.

Es un misterio, pero **entre aquellas personas que, tras ordenar, han empezado a vivir su vida ideal, muchas de ellas se van acercando también a su casa ideal**. Visualizar tu vida ideal también va ligado a que tengas más motivación para ordenar. Imagínate un ideal maravilloso que te haga rebosar de felicidad.

¡Inténtalo!

Hábitos para alcanzar la felicidad de marzo

A modo de calentamiento, establece los hábitos para alcanzar la felicidad de este mes.

● ¿Cómo sería tu vida ideal?

☆ Si tienes fotos que la representen, pégalas aquí. ¡También puedes dibujarla!

☆ **Unas palabras de Marie Kondo**

Antes de ponerte a ordenar, imagina tu vida ideal. No tengas reparos y describe tu maravilloso ideal tal y como lo visualizas.

● Fija los hábitos (pequeñas acciones) para alcanzar la felicidad de este mes.

Memo

3

Marzo

Si te preocupa
que tu familia u
otras personas
no sean capaces
de ordenar,
ordena lo tuyo
sin decirles nada.

Elige un día para un
festival del orden
Si aún no has
terminado de tirar las
cosas que no necesitas,
elige un día para cele-
brar un festival del
orden.

Comprueba qué
celebraciones hay al
final del trimestre
Asegúrate de no olvidar
los planes que tengas
con tu familia.

月 Lun	火 Mar	水 Mié
28	1 Día de las Islas Baleares	2 Luna nueva
7	8 Día Internacional de la Mujer	9
14	15	16
21	22	23
28	29	30
4	5	6

木 Jue	金 Vie	土 Sáb	日 Dom
3	4	5	6
10	11	12	13
17	18 Luna llena ⬤	19 Día del Padre	20 Equinoccio de primavera
24	25	26	27
31	1	2	3
7	8		

	2								4					
L	M	X	J	V	S	D		L	M	X	J	V	S	D
		1	2	3	4	5	6						1	2	3
7	8	9	10	11	12	13		4	5	6	7	8	9	10
14	15	16	17	18	19	20		11	12	13	14	15	16	17
21	22	23	24	25	26	27		18	19	20	21	22	23	24
28								25	26	27	28	29	30	

89

3

Marzo

☆ Cosas que quiero ordenar esta semana

31 月 Lun

☐
☐
☐
a. m.

p. m.

1 火 Mar Día de las I. Baleares

☐
☐
☐
a. m.

p. m.

2 水 Mié

☐
☐
☐
a. m.

p. m.

3 木 Jue

☐
☐
☐
a. m.

p. m.

☆ Mi motivo de felicidad de hoy

2						
L	M	X	J	V	S	D
1	2	3	4	5	6
7	8	9	10	11	12	13
14	15	16	17	18	19	20
21	22	23	24	25	26	27
28

4						
L	M	X	J	V	S	D
				1	2	3
4	5	6	7	8	9	10
11	12	13	14	15	16	17
18	19	20	21	22	23	24
25	26	27	28	29	30

Palabras mágicas

Si, por ejemplo, en una revista encuentras fotos que te produzcan alegría, recórtalas, guárdalas en la agenda y, cuando tengas tiempo, ordénalas.

4 金 Vie

☐
☐
☐
a. m.

p. m.

5 土 Sáb

☐
☐
☐
a. m.

p. m.

6 日 Dom

☐
☐
☐
a. m.

p. m.

☆ Esta semana he cambiado en...

10

11

12

1

2

3

4

5

6

7

8

9

10

11

12

☆ Mi motivo de felicidad de hoy

3

Marzo

☆ Cosas que quiero ordenar esta semana

7 月 Lun

☐
☐
☐

a. m.

p. m.

8 火 Mar Día Internac. de la Mujer

☐
☐
☐

a. m.

p. m.

9 水 Mié

☐
☐
☐

a. m.

p. m.

10 木 Jue

☐
☐
☐

a. m.

p. m.

☆ Mi motivo de felicidad de hoy

2								**4**						
L	M	X	J	V	S	D		L	M	X	J	V	S	D
	1	2	3	4	5	6						1	2	3
7	8	9	10	11	12	13		4	5	6	7	8	9	10
14	15	16	17	18	19	20		11	12	13	14	15	16	17
21	22	23	24	25	26	27		18	19	20	21	22	23	24
28								25	26	27	28	29	30	

Palabras mágicas

Una vez que asignes un lugar fijo a cada una de las cosas de tu casa, será fácil devolverlas a su sitio.

☆ Esta semana he cambiado en...

11 金 Vie

- ☐
- ☐
- ☐

a. m.

p. m.

12 土 Sáb

- ☐
- ☐
- ☐

a. m.

p. m.

13 日 Dom

- ☐
- ☐
- ☐

a. m.

p. m.

10
11
12
1
2
3
4
5
6
7
8
9
10
11
12

☆ Mi motivo de felicidad de hoy

3

Marzo

☆ Cosas que quiero ordenar esta semana

14 月 Lun

☐
☐
☐
a. m.

p. m.

15 火 Mar

☐
☐
☐
a. m.

p. m.

16 水 Mié

☐
☐
☐
a. m.

p. m.

17 木 Jue

☐
☐
☐
a. m.

p. m.

☆ Mi motivo de felicidad de hoy

* Equinoccio de primavera. En Japón es un día festivo en todo el país. Celebra el final del invierno y el comienzo de la primavera. En torno a esta fecha la gente vuelve a casa de sus padres y visita las tumbas de sus antepasados, pero

2						
L	M	X	J	V	S	D
	1	2	3	4	5	6
7	8	9	10	11	12	13
14	15	16	17	18	19	20
21	22	23	24	25	26	27
28						

4						
L	M	X	J	V	S	D
				1	2	3
4	5	6	7	8	9	10
11	12	13	14	15	16	17
18	19	20	21	22	23	24
25	26	27	28	29	30	

Palabras mágicas

A la hora de elegir un recipiente para almacenar tus cosas, el primer criterio es la apariencia: elige uno cuyo material o color te produzcan felicidad.

18 金 Vie ●

☐
☐
☐
a. m.

p. m.

19 土 Sáb — Día del Padre

☐
☐
☐
a. m.

p. m.

20 日 Dom — Equinoccio de primavera*

☐
☐
☐
a. m.

p. m.

☆ Esta semana he cambiado en...

10
11
12
1
2
3
4
5
6
7
8
9
10
11
12

☆ Mi motivo de felicidad de hoy

también muchos aprovechan para hacer cambios en su vida (por ejemplo, limpiar la casa a fondo o cambiar de trabajo), pues se considera que los equinoccios son un buen momento para ello.

3

Marzo

☆ Cosas que quiero ordenar esta semana

21 月 Lun
☐
☐
☐
a. m.

p. m.

22 火 Mar
☐
☐
☐
a. m.

p. m.

23 水 Mié
☐
☐
☐
a. m.

p. m.

24 木 Jue
☐
☐
☐
a. m.

p. m.

☆ Mi motivo de felicidad de hoy

2								**4**						
L	M	X	J	V	S	D		L	M	X	J	V	S	D
	1	2	3	4	5	6						1	2	3
7	8	9	10	11	12	13		4	5	6	7	8	9	10
14	15	16	17	18	19	20		11	12	13	14	15	16	17
21	22	23	24	25	26	27		18	19	20	21	22	23	24
28								25	26	27	28	29	30	

Palabras mágicas

He oído muchas veces que, después de haber estado ordenando, a la gente le va mejor en el amor o las relaciones entre cónyuges han mejorado.

25 金 Vie

☐
☐
☐
a. m.

p. m.

26 土 Sáb

☐
☐
☐
a. m.

p. m.

27 日 Dom

☐
☐
☐
a. m.

p. m.

☆ Esta semana he cambiado en...

10

11

12

1

2

3

4

5

6

7

8

9

10

11

12

☆ Mi motivo de felicidad de hoy

3

Marzo

☆ Cosas que quiero ordenar esta semana

28 月 Lun
- ☐
- ☐
- ☐

a. m.

p. m.

29 火 Mar
- ☐
- ☐
- ☐

a. m.

p. m.

30 水 Mié
- ☐
- ☐
- ☐

a. m.

p. m.

31 木 Jue
- ☐
- ☐
- ☐

a. m.

p. m.

☆ Mi motivo de felicidad de hoy

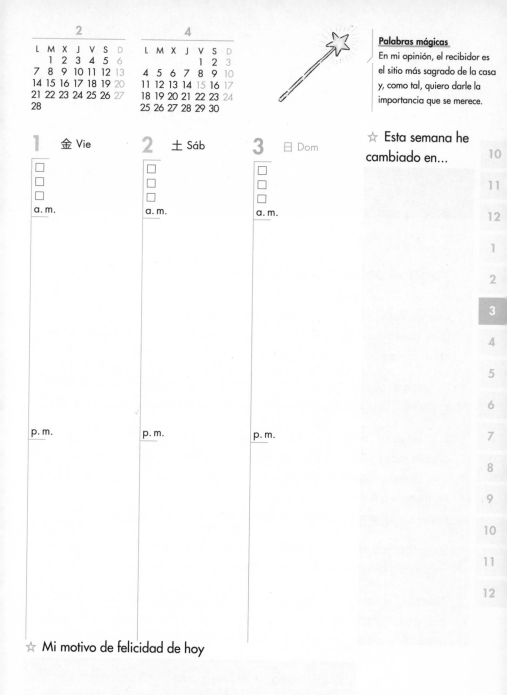

2

L	M	X	J	V	S	D
1	2	3	4	5	6	
7	8	9	10	11	12	13
14	15	16	17	18	19	20
21	22	23	24	25	26	27
28						

4

L	M	X	J	V	S	D
				1	2	3
4	5	6	7	8	9	10
11	12	13	14	15	16	17
18	19	20	21	22	23	24
25	26	27	28	29	30	

Palabras mágicas

En mi opinión, el recibidor es el sitio más sagrado de la casa y, como tal, quiero darle la importancia que se merece.

1 金 Vie
- ☐
- ☐
- ☐

a. m.

p. m.

2 土 Sáb
- ☐
- ☐
- ☐

a. m.

p. m.

3 日 Dom
- ☐
- ☐
- ☐

a. m.

p. m.

☆ Esta semana he cambiado en...

10

11

12

1

2

3

4

5

6

7

8

9

10

11

12

☆ Mi motivo de felicidad de hoy

99

4 Abril

Vacía el bolso todos los días

Cuando llegas de la calle, ¿qué haces con el bolso que has dejado por ahí? La respuesta más habitual a esta pregunta es «se queda donde lo he dejado hasta la mañana siguiente», ¿a que sí? Pues eso no puede ser.

La razón es que el bolso no podrá descansar si se queda con todo eso dentro: la cartera, la agenda, los útiles de escritura, el estuche de maquillaje...

El bolso es un objeto que está trabajando mientras tú estás fuera de casa. Él acepta todas tus preciadas pertenencias, se dedica a llevarlas de aquí para allá, a veces quedándose en el suelo, y durante todo el día sigue apoyándote en silencio a ti y a los objetos que lleva dentro. Lo mínimo que puedes hacer por él es dejarlo descansar tranquilamente cuando esté en casa.

Lo que sucede en realidad es que un bolso que siempre esté lleno de cosas se deformará con más facilidad y se dañará con más rapidez.

Además, si no revisas lo que llevas en el bolso, no te darás cuenta de que sigues acarreando cosas que no necesitas, y es un peligro que tiques arrugados, chicles envueltos en papel, muestras de productos de maquillaje que te han dado por la calle... acaben mezclándose con cosas importantes, como el sello personal de goma (para los japoneses es nuestra firma legal), documentos, accesorios... Es más, cuando te hagan falta, no podrás sacarlas del bolso con rapidez. Así que, por mucha pereza que te dé, al final del día saca todo lo que lleves en el bolso y vacíalo.

Estarás pensando: «Pero no sé dónde poner las cosas que he sacado y, además, si voy colocándolas una a una en otro sitio, después se me olvidará alguna». Pues no te preocupes: lo único que tienes que hacer es elegir un recipiente donde guardar las cosas que llevas contigo todos los días. Para ello, prepara una cestita o una caja, vacía ahí todo el contenido del bolso y colócala en un cajón del armario o de la cómoda. Te resultará muy práctico si la colocas cerca de donde guardas el bolso.

Al igual que los seres humanos, **todos los objetos tienen una casa a la que volver y, una vez que han cumplido su deber, necesitan un entorno en el que descansar.**

Hábitos para alcanzar la felicidad de abril

A modo de calentamiento, establece los hábitos para alcanzar la felicidad de este mes.

● ¿Hay algún objeto de tu casa que duerma mientras no lo utilizas?

● ¿Hay algún objeto que no tenga un lugar designado para guardarlo?

☆ **Unas palabras de Marie Kondo**

Quizá te encuentras entre quienes están empezando una nueva vida. Vuelve a revisar cosas como la cartera o los objetos y herramientas que todos los días te ayudan en el trabajo.

● Fija los hábitos (pequeñas acciones) para alcanzar la felicidad de este mes.

Memo

2022

4

Abril

«¡Me gustaría
vivir en una
casa así!»:
imagina tu vida
ideal a partir
de una foto
y aumenta tu
motivación
para ordenar.

Comprueba los
planes de tu nueva
vida
En esta época
surgen muchos
planes. Comprué-
balos bien para
que no se te olvide
ninguno.

月 Lun	火 Mar	水 Mié
26	27	28
4	5	6
11	12	13
18 Lunes de Pascua	19	20
25	26	27
2	3	4

木 Jue	金 Vie	土 Sáb	日 Dom
29	1 Luna nueva	2	3
7	8	9	10
14 Jueves Santo	15 Viernes Santo	16 Luna llena	17 Domingo de Pascua
21	22	23 Día de Aragón / Día de Castilla y León / Día del libro	24
28	29	30 Luna nueva	1
5	6		

10
11
12
1
2
3
4
5
6
7
8
9
10
11
12

3

L	M	X	J	V	S	D
	1	2	3	4	5	6
7	8	9	10	11	12	13
14	15	16	17	18	19	20
21	22	23	24	25	26	27
28	29	30	31			

5

L	M	X	J	V	S	D
						1
2	3	4	5	6	7	8
9	10	11	12	13	14	15
16	17	18	19	20	21	22
23	24	25	26	27	28	29
30	31					

4

Abril

☆ Cosas que quiero ordenar esta semana

28 月 Lun

☐
☐
☐
a. m.

p. m.

29 火 Mar

☐
☐
☐
a. m.

p. m.

30 水 Mié

☐
☐
☐
a. m.

p. m.

31 木 Jue

☐
☐
☐
a. m.

p. m.

☆ Mi motivo de felicidad de hoy

3						
L	M	X	J	V	S	D
	1	2	3	4	5	6
7	8	9	10	11	12	13
14	15	16	17	18	19	20
21	22	23	24	25	26	27
28	29	30	31			

5						
L	M	X	J	V	S	D
						1
2	3	4	5	6	7	8
9	10	11	12	13	14	15
16	17	18	19	20	21	22
23	24	25	26	27	28	29
30	31					

Palabras mágicas

Intenta reducir el número de zapatos que ya no te pones, de paraguas que ya no se pueden usar porque están rotos, etc.

1 金 Vie

☐
☐
☐
a. m.

p. m.

2 土 Sáb

☐
☐
☐
a. m.

p. m.

3 日 Dom

☐
☐
☐
a. m.

p. m.

☆ Esta semana he cambiado en...

10

11

12

1

2

3

4

5

6

7

8

9

10

11

12

☆ Mi motivo de felicidad de hoy

Cómo doblar faldas
¡EMPIEZA!

107

4

Abril

☆ Cosas que quiero ordenar esta semana

4 月 Lun

☐
☐
☐
a. m.

p. m.

5 火 Mar

☐
☐
☐
a. m.

p. m.

6 水 Mié

☐
☐
☐
a. m.

p. m.

7 木 Jue

☐
☐
☐
a. m.

p. m.

☆ Mi motivo de felicidad de hoy

3						
L	M	X	J	V	S	D
	1	2	3	4	5	6
7	8	9	10	11	12	13
14	15	16	17	18	19	20
21	22	23	24	25	26	27
28	29	30	31			

5						
L	M	X	J	V	S	D
						1
2	3	4	5	6	7	8
9	10	11	12	13	14	15
16	17	18	19	20	21	22
23	24	25	26	27	28	29
30	31					

Palabras mágicas

He aquí un truco para mantener limpio tu recibidor: si dejas ahí los zapatos, es importante que estos también estén relucientes.

8 金 Vie
- ☐
- ☐
- ☐

a. m.

p. m.

9 土 Sáb
- ☐
- ☐
- ☐

a. m.

p. m.

10 日 Dom
- ☐
- ☐
- ☐

a. m.

p. m.

☆ Esta semana he cambiado en...

10
11
12
1
2
3
4
5
6
7
8
9
10
11
12

☆ Mi motivo de felicidad de hoy

Empezamos doblándola a lo largo.

4

Abril

☆ Cosas que quiero ordenar esta semana

11 月 Lun

- ☐
- ☐
- ☐

a. m.

p. m.

12 火 Mar

- ☐
- ☐
- ☐

a. m.

p. m.

13 水 Mié

- ☐
- ☐
- ☐

a. m.

p. m.

14 木 Jue Jueves Santo

- ☐
- ☐
- ☐

a. m.

p. m.

☆ Mi motivo de felicidad de hoy

3						
L	M	X	J	V	S	D
	1	2	3	4	5	6
7	8	9	10	11	12	13
14	15	16	17	18	19	20
21	22	23	24	25	26	27
28	29	30	31			

5						
L	M	X	J	V	S	D
						1
2	3	4	5	6	7	8
9	10	11	12	13	14	15
16	17	18	19	20	21	22
23	24	25	26	27	28	29
30	31					

Palabras mágicas

Si te resistes a tirar las cosas a la basura, recíclalas. Te alegrará desprenderte de ellas si piensas que le servirán a otra persona.

15 金 Vie Viernes Santo

☐
☐
☐
a. m.

p. m.

16 ± Sáb ●

☐
☐
☐
a. m.

p. m.

17 日 Dom Domingo de Pascua

☐
☐
☐
a. m.

p. m.

☆ Esta semana he cambiado en...

10
11
12
1
2
3
4
5
6
7
8
9
10
11
12

☆ Mi motivo de felicidad de hoy

Doblamos también el lado contrario.

111

☆ Cosas que quiero ordenar esta semana

18 月 Lun　Lunes de Pascua

☐
☐
☐

a. m.

p. m.

19 火 Mar

☐
☐
☐

a. m.

p. m.

20 水 Mié

☐
☐
☐

a. m.

p. m.

21 木 Jue

☐
☐
☐

a. m.

p. m.

☆ Mi motivo de felicidad de hoy

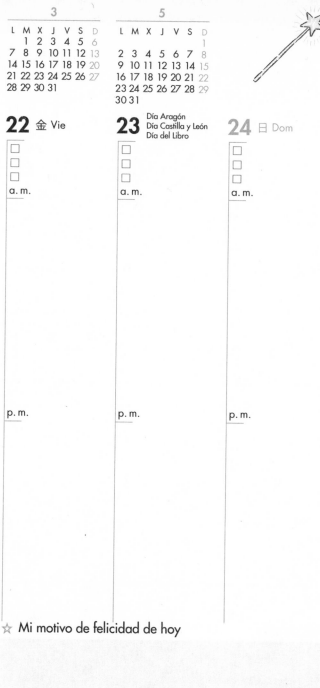

3						
L	M	X	J	V	S	D
	1	2	3	4	5	6
7	8	9	10	11	12	13
14	15	16	17	18	19	20
21	22	23	24	25	26	27
28	29	30	31			

5						
L	M	X	J	V	S	D
						1
2	3	4	5	6	7	8
9	10	11	12	13	14	15
16	17	18	19	20	21	22
23	24	25	26	27	28	29
30	31					

Palabras mágicas
Antes de irte de viaje, mantenlo todo ordenado de tal manera que cuando vuelvas y abras la puerta sientas alivio.

22 金 Vie
☐
☐
☐
a. m.

p. m.

23 Día Aragón
Día Castilla y León
Día del Libro
☐
☐
☐
a. m.

p. m.

24 日 Dom
☐
☐
☐
a. m.

p. m.

☆ Esta semana he cambiado en...

10

11

12

1

2

3

4

5

6

7

8

9

10

11

12

☆ Mi motivo de felicidad de hoy

Pliega el dobladillo
hacia dentro.

4

Abril

☆ Cosas que quiero ordenar esta semana

25 月 Lun

☐
☐
☐

a. m.

p. m.

26 火 Mar

☐
☐
☐

a. m.

p. m.

27 水 Mié

☐
☐
☐

a. m.

p. m.

28 木 Jue

☐
☐
☐

a. m.

p. m.

☆ Mi motivo de felicidad de hoy

3						
L	M	X	J	V	S	D
	1	2	3	4	5	6
7	8	9	10	11	12	13
14	15	16	17	18	19	20
21	22	23	24	25	26	27
28	29	30	31			

5						
L	M	X	J	V	S	D
						1
2	3	4	5	6	7	8
9	10	11	12	13	14	15
16	17	18	19	20	21	22
23	24	25	26	27	28	29
30	31					

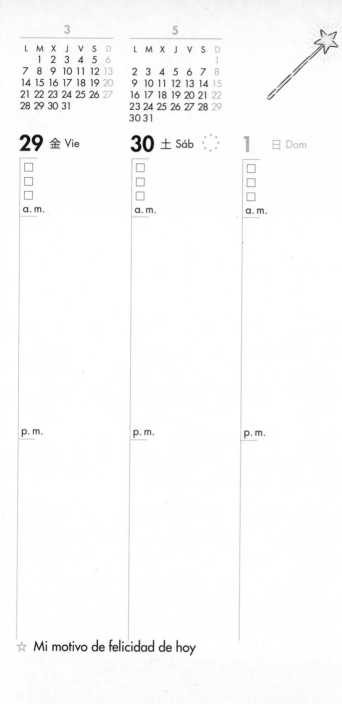

Palabras mágicas

El viaje dura hasta el momento en que guardas la maleta en su sitio. Líbrate de la tarea de deshacer la maleta el mismo día de tu vuelta.

29 金 Vie
☐
☐
☐
a. m.

p. m.

30 ± Sáb
☐
☐
☐
a. m.

p. m.

1 日 Dom
☐
☐
☐
a. m.

p. m.

☆ **Esta semana he cambiado en...**

10

11

12

1

2

3

4

5

6

7

8

9

10

11

12

☆ Mi motivo de felicidad de hoy

Dobla la falda hacia dentro por la mitad y...

5 Mayo

¿Y si no sabes qué te produce felicidad?

Separa las cosas que te producen felicidad de las que no: esta operación es la clave del éxito en la tarea de ordenar. Sin embargo, me parece que son pocas las personas que pueden hacer esta distinción desde el principio. De hecho, creo que son muchos los que se sienten perdidos ante la montaña de cosas que tienen delante: «¿Me produce esto felicidad?»; «Parece que sí, parece que no...».

Cuando no sepas qué hacer, hazte esta pregunta: «De todo esto que tengo aquí, ¿cuáles son las tres cosas que me hacen más feliz?». No le des demasiadas vueltas, date tres minutos para elegir.

El mejor truco para diferenciar entre lo que te hace feliz y lo que no es elegir comparando cosas que pertenecen a una misma categoría. La razón de esto es que resulta difícil valorar si un objeto por separado te produce felicidad, así que podrás verlo con claridad si lo comparas con otros.

Es más, si después pasas a elegir entre las veinte mejores, las diez mejores..., te será más fácil juzgar y dirás: «es probable que esto ya no lo necesite».

Otro truco para que sea más fácil valorar si algo te produce felicidad es elegir entre aquellos objetos que estén cerca de tu corazón. Esto es porque **la felicidad no se juzga con la cabeza, sino que se siente con el corazón**.

En lo que respecta a la ropa, las camisetas o las prendas de abrigo son más fáciles de elegir que los calcetines o las faldas. Un buen método es que no te limites a tocarlas, sino que pruebes a abrazarlas con fuerza y que valores las diferentes sensaciones de tu cuerpo según cómo reaccione a ellas. En definitiva, intenta acercarte a tus pertenencias de distintas formas: tocándolas, abrazándolas, observándolas más detenidamente...

Quizá también te preguntas qué deberías hacer con las cosas que no te producen felicidad pero que son necesarias. Aquello que te produce felicidad no son solo cosas «monas» o que te emocionan; las que te resultan útiles en tu día a día, por ejemplo, que te tranquilizan o que, si no las tienes, lo pasas mal, te producirán una magnífica sensación de felicidad.

¡Inténtalo!

Hábitos para alcanzar la felicidad de mayo

A modo de calentamiento, establece los hábitos para alcanzar la felicidad de este mes.

● ¿Qué tipo de objetos te producen felicidad?

● ¿Qué lugar te produce felicidad?

☆ **Unas palabras de Marie Kondo**

Estamos en una estación en la que resulta difícil sentirse motivado. Cuando no sepas qué te produce felicidad, es importante que no sientas con la cabeza, sino con el corazón.

● Fija los hábitos (pequeñas acciones) para alcanzar la felicidad de este mes.

Memo

5

Mayo

Para sentir que algo te produce felicidad, es fundamental que lo toques. Que algo te produzca felicidad no se juzga con la cabeza, sino que se siente con el corazón.

Establece un día para relajarte un rato
Programa un tiempo de descanso para ti, para pasar un rato de felicidad.

月 Lun	火 Mar	水 Mié
25	26	27
2 Día de la C. de Madrid	3	4
9	10	11
16 Luna llena	17	18
23	24	25
30 Día de Canarias	31 Día de Castilla-La Mancha	1

木 Jue	金 Vie	土 Sáb	日 Dom
28	29	30	1 Día del Trabajo Día de la Madre
5	6	7	8
12	13	14	15
19	20	21	22
16	27	28	29
2	3		

10
11
12
1
2
3
4
5
6
7
8
9
10
11
12

4

L	M	X	J	V	S	D
			1	2	3	
4	5	6	7	8	9	10
11	12	13	14	15	16	17
18	19	20	21	22	23	24
25	26	27	28	29	30	

6

L	M	X	J	V	S	D
			1	2	3	4	5
6	7	8	9	10	11	12
13	14	15	16	17	18	19
20	21	22	23	24	25	26
27	28	29	30			

5

Mayo

☆ Cosas que quiero ordenar esta semana

25 月 Lun

☐
☐
☐

a. m.

p. m.

26 火 Mar

☐
☐
☐

a. m.

p. m.

27 水 Mié

☐
☐
☐

a. m.

p. m.

28 木 Jue

☐
☐
☐

a. m.

p. m.

☆ Mi motivo de felicidad de hoy

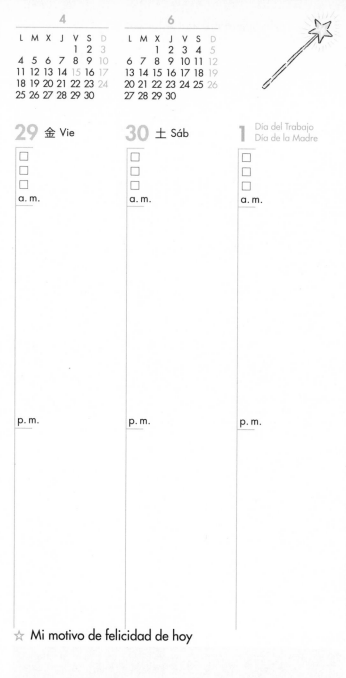

4						
L	M	X	J	V	S	D
				1	2	3
4	5	6	7	8	9	10
11	12	13	14	15	16	17
18	19	20	21	22	23	24
25	26	27	28	29	30	

6						
L	M	X	J	V	S	D
			1	2	3	4	5
6	7	8	9	10	11	12
13	14	15	16	17	18	19
20	21	22	23	24	25	26
27	28	29	30			

Palabras mágicas

Observa diferentes fotos de distintas revistas de decoración y compáralas. Elige aquella que te parezca la ideal.

29 金 Vie
☐
☐
☐
a. m.

p. m.

30 ± Sáb
☐
☐
☐
a. m.

p. m.

1 Día del Trabajo
Día de la Madre
☐
☐
☐
a. m.

p. m.

☆ **Esta semana he cambiado en...**

10

11

12

1

2

3

4

5

6

7

8

9

10

11

12

☆ Mi motivo de felicidad de hoy

Ajusta la altura, doblándola dos o tres veces.

5

Mayo

☆ Cosas que quiero ordenar esta semana

2 月 Lun ^{Día de la} **3** 火 Mar **4** 水 Mié **5** 木 Jue

2 月 Lun Día de la C. de Madrid

☐
☐
☐
a. m.

p. m.

3 火 Mar

☐
☐
☐
a. m.

p. m.

4 水 Mié

☐
☐
☐
a. m.

p. m.

5 木 Jue

☐
☐
☐
a. m.

p. m.

☆ Mi motivo de felicidad de hoy

124

4						
L	M	X	J	V	S	D
				1	2	3
4	5	6	7	8	9	10
11	12	13	14	15	16	17
18	19	20	21	22	23	24
25	26	27	28	29	30	

6						
L	M	X	J	V	S	D
			1	2	3	4	5
6	7	8	9	10	11	12
13	14	15	16	17	18	19
20	21	22	23	24	25	26
27	28	29	30			

Palabras mágicas
Basta una simple flor
para que una habitación
sombría «florezca».

6 金 Vie
☐
☐
☐
a. m.

p. m.

7 土 Sáb
☐
☐
☐
a. m.

p. m.

8 日 Dom
☐
☐
☐
a. m.

p. m.

☆ Esta semana he
cambiado en...

10

11

12

1

2

3

4

5

6

7

8

9

10

11

12

☆ Mi motivo de felicidad de hoy

5

Mayo

☆ Cosas que quiero ordenar esta semana

9 月 Lun

☐
☐
☐
a. m.

p. m.

10 火 Mar

☐
☐
☐
a. m.

p. m.

11 水 Mié

☐
☐
☐
a. m.

p. m.

12 木 Jue

☐
☐
☐
a. m.

p. m.

☆ Mi motivo de felicidad de hoy

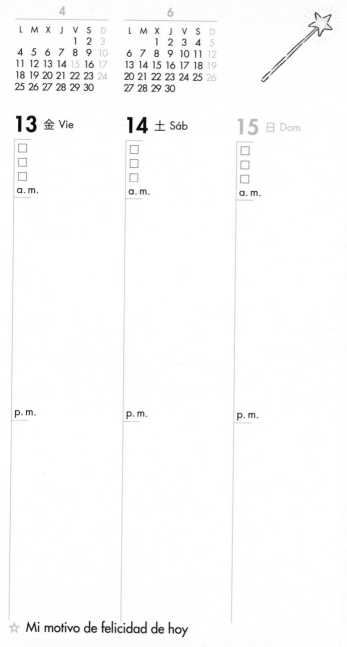

4						
L	M	X	J	V	S	D
				1	2	3
4	5	6	7	8	9	10
11	12	13	14	15	16	17
18	19	20	21	22	23	24
25	26	27	28	29	30	

6						
L	M	X	J	V	S	D
		1	2	3	4	5
6	7	8	9	10	11	12
13	14	15	16	17	18	19
20	21	22	23	24	25	26
27	28	29	30			

Palabras mágicas

En vez de aspirar a un espacio demasiado minimalista, es importante crear una habitación que esté decorada con objetos que te produzcan felicidad.

13 金 Vie

☐
☐
☐
a. m.

p. m.

14 ± Sáb

☐
☐
☐
a. m.

p. m.

15 日 Dom

☐
☐
☐
a. m.

p. m.

☆ Esta semana he cambiado en...

10

11

12

1

2

3

4

5

6

7

8

9

10

11

12

☆ Mi motivo de felicidad de hoy

5

Mayo

☆ Cosas que quiero ordenar esta semana

16 月 Lun ●

☐
☐
☐
a. m.

p. m.

17 火 Mar

☐
☐
☐
a. m.

p. m.

18 水 Mié

☐
☐
☐
a. m.

p. m.

19 木 Jue

☐
☐
☐
a. m.

p. m.

☆ Mi motivo de felicidad de hoy

4								**6**						
L	M	X	J	V	S	D		L	M	X	J	V	S	D
				1	2	3					1	2	3	4	5
4	5	6	7	8	9	10		6	7	8	9	10	11	12
11	12	13	14	15	16	17		13	14	15	16	17	18	19
18	19	20	21	22	23	24		20	21	22	23	24	25	26
25	26	27	28	29	30			27	28	29	30			

Palabras mágicas
Es fundamental que las mujeres tratéis a vuestros sujetadores como «vips» y los guardéis como tales.

20 金 Vie
☐
☐
☐
a. m.

p. m.

21 ± Sáb
☐
☐
☐
a. m.

p. m.

22 日 Dom
☐
☐
☐
a. m.

p. m.

☆ Esta semana he cambiado en...

10
11
12
1
2
3
4
5
6
7
8
9
10
11
12

☆ Mi motivo de felicidad de hoy

☆ Cosas que quiero ordenar esta semana

23 月 Lun
- ☐
- ☐
- ☐

a. m.

p. m.

24 火 Mar
- ☐
- ☐
- ☐

a. m.

p. m.

25 水 Mié
- ☐
- ☐
- ☐

a. m.

p. m.

26 木 Jue
- ☐
- ☐
- ☐

a. m.

p. m.

☆ Mi motivo de felicidad de hoy

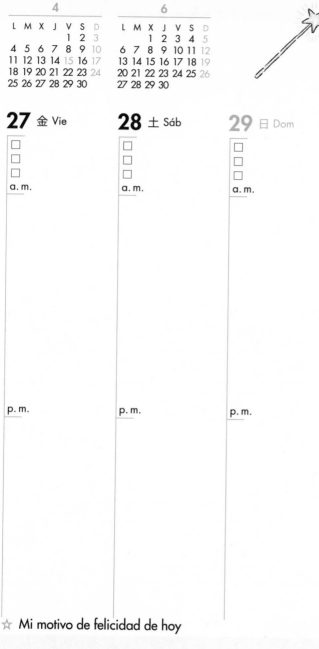

	4					
L	M	X	J	V	S	D
				1	2	3
4	5	6	7	8	9	10
11	12	13	14	15	16	17
18	19	20	21	22	23	24
25	26	27	28	29	30	

	6					
L	M	X	J	V	S	D
			1	2	3	4	5
6	7	8	9	10	11	12
13	14	15	16	17	18	19
20	21	22	23	24	25	26
27	28	29	30			

Palabras mágicas
Cuando vuelvas a casa, saca todo lo que lleves en el bolso y guárdalo en su sitio.

27 金 Vie
☐
☐
☐
a. m.

p. m.

28 土 Sáb
☐
☐
☐
a. m.

p. m.

29 日 Dom
☐
☐
☐
a. m.

p. m.

☆ Esta semana he cambiado en...

10
11
12
1
2
3
4
5
6
7
8
9
10
11
12

☆ Mi motivo de felicidad de hoy

5

Mayo

☆ Cosas que quiero ordenar esta semana

30 月 Lun Día de Canarias

☐
☐
☐

a. m.

p. m.

31 火 Mar Día de Castilla-La Mancha

☐
☐
☐

a. m.

p. m.

1 水 Mié

☐
☐
☐

a. m.

p. m.

2 木 Jue

☐
☐
☐

a. m.

p. m.

☆ Mi motivo de felicidad de hoy

4						
L	M	X	J	V	S	D
				1	2	3
4	5	6	7	8	9	10
11	12	13	14	15	16	17
18	19	20	21	22	23	24
25	26	27	28	29	30	

6						
L	M	X	J	V	S	D
		1	2	3	4	5
6	7	8	9	10	11	12
13	14	15	16	17	18	19
20	21	22	23	24	25	26
27	28	29	30			

Palabras mágicas
Es fácil que tu cartera acabe agotada: prepárale un sitio especial donde pueda descansar.

3 金 Vie
☐
☐
☐
a. m.

p. m.

4 土 Sáb
☐
☐
☐
a. m.

p. m.

5 日 Dom
☐
☐
☐
a. m.

p. m.

☆ **Esta semana he cambiado en...**

10

11

12

1

2

3

4

5

6

7

8

9

10

11

12

☆ Mi motivo de felicidad de hoy

133

No cambies tu armario con el cambio de estación

«El tiempo está cambiando y ya va tocando cambiar la ropa: qué pereza...».
En esta estación muchos pensarán así, pero lo cierto es que yo llevo muchos
años sin cambiar para nada la ropa cuando va cambiando la temperatura.

Para empezar, existe la costumbre de cambiar la ropa, un sistema pensado
para aquellos que llevan uniforme, en junio y en octubre, pero lo cierto es
que la gente normal y corriente no tiene por qué estar también cambiando
la ropa de sitio.

De hecho, estos últimos años los sistemas de aire acondicionado y de
calefacción han ido mejorando, así que incluso en verano a veces hay que
llevar manga larga y, de la misma forma, en invierno tienes oportunidades
de ponerte ropa más ligera. A mi parecer, el acto de cambiar de ropa con el
cambio de estación ya no encaja con los tiempos en los que vivimos.

Es más, creo que **la ropa que ha estado guardada bien al fondo durante
meses estará asfixiada y se habrá debilitado.** ¿No crees que sería mejor que
a veces la dejaras sentir el aire fresco y a la luz del sol y que la acariciaras,
para que así pudiera vivir más tiempo y con más energía?

A partir de este año, decídete a no cambiar más la ropa: ten tanto la ropa de
temporada como la de fuera de temporada lista para ponértela y no hagas
más cambios de armario.

Como ya habrás llevado a cabo la «comprobación de la felicidad», la cantidad de ropa que tendrás ahora será mucho menor y tendrás más espacio para guardar tus cosas, así que no tendría que suponer un problema.

La manera de hacerlo no tiene mayor dificultad: simplemente, guarda la ropa partiendo de la premisa de que no la cambiarás más cuando vayan cambiado las temperaturas. El truco es no clasificar demasiado la ropa: no tienes que clasificarla en función de su uso o de la estación en la que te la puedes poner, sino que debes guardarla en función, *grosso modo*, del material del que está hecha: si es de algodón, de lana, sintética... Si a pesar de todo no tienes espacio de almacenamiento suficiente, puedes guardar al fondo del armario prendas grandes como abrigos, o cosas pequeñas como bufandas y guantes o bañadores.

Una vez que pruebes este método de guardar tu ropa sin hacer cambios de armario con el cambio de estación, te resultará muy cómodo, puesto que siempre podrás coger la prenda que quieras de entre toda tu ropa.

¡Elimina de tu planificación anual esta tarea, que no te produce felicidad, y en su lugar dedica más tiempo a las cosas que te la producen!

¡Inténtalo!

Hábitos para alcanzar la felicidad de junio

A modo de calentamiento, establece los hábitos para alcanzar la felicidad de este mes.

● ¿Qué te resulta esencial para que la moda te produzca felicidad?

● ¿Qué objetos no puedes tirar de ninguna de las maneras? ¿Por qué?

☆ **Unas palabras de Marie Kondo**

«Ahora que llega junio, ¿cambio la ropa de invierno por la de verano?».
No, no, no: ¡a partir de este año, nada de cambios de armario! Intenta
no cambiar el armario cada vez que llega el invierno o el verano.

● Fija los hábitos (pequeñas acciones) para alcanzar la felicidad
de este mes.

Memo

2022

6

Junio

Recita: «Si doblo la ropa, ¡todo irá bien; si se mantiene en pie, ¡todo irá bien!» como si fuera un conjuro.

<u>Fija un día para el mantenimiento de tu ropa.</u>
Reserva un día para dedicarlo al mantenimiento de esa camisa a la que le falta un botón o de esos zapatos que querías arreglar.

月 Lun	火 Mar	水 Mié
30	31	1
6	7	8
13	14 Luna llena ●	15
20	21	22
27	28	29 Luna nueva
4	5	6

木 Jue	金 Vie	土 Sáb	日 Dom
2	3	4	5
9 Día de Murcia Día de La Rioja	10	11	12
16	17	18	19
23	24	25	26
30	1	2	3
7	8		

10
11
12
1
2
3
4
5
6
7
8
9
10
11
12

		5				
L	M	X	J	V	S	D
						1
2	3	4	5	6	7	8
9	10	11	12	13	14	15
16	17	18	19	20	21	22
23	24	25	26	27	28	29
30	31					

		7				
L	M	X	J	V	S	D
				1	2	3
4	5	6	7	8	9	10
11	12	13	14	15	16	17
18	19	20	21	22	23	24
25	26	27	28	29	30	31

6

Junio

☆ Cosas que quiero ordenar esta semana

30 月 Lun

☐
☐
☐
a. m.

p. m.

31 火 Mar

☐
☐
☐
a. m.

p. m.

1 水 Mié

☐
☐
☐
a. m.

p. m.

2 木 Jue

☐
☐
☐
a. m.

p. m.

☆ Mi motivo de felicidad de hoy

5

L	M	X	J	V	S	D
						1
2	3	4	5	6	7	8
9	10	11	12	13	14	15
16	17	18	19	20	21	22
23	24	25	26	27	28	29
30	31					

7

L	M	X	J	V	S	D
				1	2	3
4	5	6	7	8	9	10
11	12	13	14	15	16	17
18	19	20	21	22	23	24
25	26	27	28	29	30	31

Palabras mágicas

Estoy convencida de que cualquier objeto desea serle de utilidad a su dueño.

3 金 Vie

☐
☐
☐
a. m.

p. m.

4 土 Sáb

☐
☐
☐
a. m.

p. m.

5 日 Dom

☐
☐
☐
a. m.

p. m.

☆ Esta semana he cambiado en...

10

11

12

1

2

3

4

5

6

7

8

9

10

11

12

☆ Mi motivo de felicidad de hoy

6

Junio

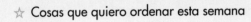 ☆ Cosas que quiero ordenar esta semana

6 月 Lun

☐
☐
☐
a. m.

p. m.

7 火 Mar

☐
☐
☐
a. m.

p. m.

8 水 Mié

☐
☐
☐
a. m.

p. m.

9 Día de Murcia
Día de La Rioja

☐
☐
☐
a. m.

p. m.

☆ Mi motivo de felicidad de hoy

	5						
L	M	X	J	V	S	D
						1
2	3	4	5	6	7	8
9	10	11	12	13	14	15
16	17	18	19	20	21	22
23	24	25	26	27	28	29
30	31					

	7						
L	M	X	J	V	S	D
				1	2	3
4	5	6	7	8	9	10
11	12	13	14	15	16	17
18	19	20	21	22	23	24
25	26	27	28	29	30	31

Palabras mágicas

Al final, no te queda otra que guardar tus cosas o tirarlas, pero cuida de aquellas que hayas decidido conservar.

10 金 Vie

☐
☐
☐

a. m.

p. m.

11 土 Sáb

☐
☐
☐

a. m.

p. m.

12 日 Dom

☐
☐
☐

a. m.

p. m.

☆ Esta semana he cambiado en...

10
11
12
1
2
3
4
5
6
7
8
9
10
11
12

☆ Mi motivo de felicidad de hoy

6

Junio

13 月 Lun

☐
☐
☐
a. m.

p. m.

14 火 Mar ●

☐
☐
☐
a. m.

p. m.

15 水 Mié

☐
☐
☐
a. m.

p. m.

16 木 Jue

☐
☐
☐
a. m.

p. m.

☆ Mi motivo de felicidad de hoy

5						
L	M	X	J	V	S	D
						1
2	3	4	5	6	7	8
9	10	11	12	13	14	15
16	17	18	19	20	21	22
23	24	25	26	27	28	29
30	31					

7						
L	M	X	J	V	S	D
				1	2	3
4	5	6	7	8	9	10
11	12	13	14	15	16	17
18	19	20	21	22	23	24
25	26	27	28	29	30	31

Palabras mágicas
Cuando te deshaces de algo, para ese objeto supone el inicio de una nueva vida, así que celébralo.

17 金 Vie
☐
☐
☐
a. m.

p. m.

18 ± Sáb
☐
☐
☐
a. m.

p. m.

19 日 Dom
☐
☐
☐
a. m.

p. m.

☆ Esta semana he cambiado en...

10
11
12
1
2
3
4
5
6
7
8
9
10
11
12

☆ Mi motivo de felicidad de hoy

6

Junio

20 月 Lun
- ☐
- ☐
- ☐

a. m.

p. m.

21 火 Mar
- ☐
- ☐
- ☐

a. m.

p. m.

22 水 Mié
- ☐
- ☐
- ☐

a. m.

p. m.

23 木 Jue
- ☐
- ☐
- ☐

a. m.

p. m.

☆ Mi motivo de felicidad de hoy

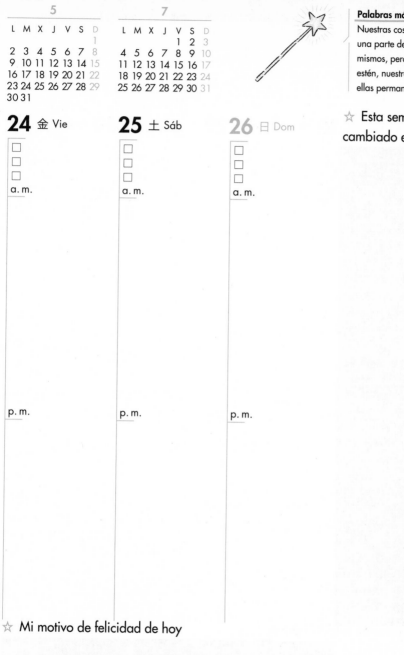

5						
L	M	X	J	V	S	D
						1
2	3	4	5	6	7	8
9	10	11	12	13	14	15
16	17	18	19	20	21	22
23	24	25	26	27	28	29
30	31					

7						
L	M	X	J	V	S	D
				1	2	3
4	5	6	7	8	9	10
11	12	13	14	15	16	17
18	19	20	21	22	23	24
25	26	27	28	29	30	31

Palabras mágicas

Nuestras cosas representan una parte de nosotros mismos, pero, aunque ya no estén, nuestros recuerdos de ellas permanecerán siempre.

24 金 Vie

☐
☐
☐

a. m.

p. m.

25 土 Sáb

☐
☐
☐

a. m.

p. m.

26 日 Dom

☐
☐
☐

a. m.

p. m.

☆ Esta semana he cambiado en...

10
11
12
1
2
3
4
5
6
7
8
9
10
11
12

☆ Mi motivo de felicidad de hoy

6

Junio

☆ Cosas que quiero ordenar esta semana

27 月 Lun

☐
☐
☐
a. m.

p. m.

28 火 Mar

☐
☐
☐
a. m.

p. m.

29 水 Mié

☐
☐
☐
a. m.

p. m.

30 木 Jue

☐
☐
☐
a. m.

p. m.

☆ Mi motivo de felicidad de hoy

5						
L	M	X	J	V	S	D
						1
2	3	4	5	6	7	8
9	10	11	12	13	14	15
16	17	18	19	20	21	22
23	24	25	26	27	28	29
30	31					

7						
L	M	X	J	V	S	D
				1	2	3
4	5	6	7	8	9	10
11	12	13	14	15	16	17
18	19	20	21	22	23	24
25	26	27	28	29	30	31

Palabras mágicas

Siempre y cuando mantengas el festival del orden como norma habitual, después podrás basar tus decisiones en qué te produce felicidad.

1 金 Vie

☐
☐
☐
a. m.

p. m.

2 土 Sáb

☐
☐
☐
a. m.

p. m.

3 日 Dom

☐
☐
☐
a. m.

p. m.

☆ Esta semana he cambiado en...

10

11

12

1

2

3

4

5

6

7

8

9

10

11

12

☆ Mi motivo de felicidad de hoy

Ya ha pasado medio año: ¿has acabado de ordenar?

Escribe en estas páginas qué has ordenado, qué no, un resumen de tus motivos de felicidad, en qué has cambiado... También puedes hacer una foto de tu casa y pegarla aquí.

7 Julio

Crea un arcoíris en tu hogar

Durante el festival del orden es normal que las habitaciones estén manga por hombro. Es probable que eso te altere un poco, pero deja para después el almacenamiento correcto de tus cosas y, colocándolas en un lugar provisional, avanza rápidamente.

Cuando acabes de seleccionar todos tus objetos, sabrás la cantidad que tienes y en qué categorías puedes clasificarlos; así podrás decidir cómo guardarlos.

La gran máxima del almacenamiento es «almacenar por categorías». Para los objetos que no pertenezcan a categorías básicas tales como «papelería», «medicinas», etc., crea las tuyas propias. Por ejemplo, si como pasatiempo te dedicas al *shodô*, la caligrafía japonesa, junta todo lo que utilizas para ello en la categoría «útiles de caligrafía». De la misma forma, si lo que te gusta es coleccionar las cintas decorativas conocidas como *washi tape* o *masking tape* y tienes tantas que no te caben en un solo cajón, guárdalas bajo una categoría independiente, «*washi tape*».

Si has creado tus propias categorías, hay un aspecto esencial que debes tener cuenta al almacenar: **guarda las cosas que para ti tengan más o menos las mismas características unas cerca de otras.**

Parece que los objetos se pueden clasificar en categorías exactas, pero no siempre está tan claro: las categorías se unen como si se tratara de una gradación y se van solapando poco a poco. Así, si guardas cerca unas de otras las cosas que a ti te parecen que son similares, la gradación se te hará mucho más evidente.

Almacenar consiste en crear en tu hogar un hermoso arcoíris. Si lo piensas así, ¿a que te animas un poco? La verdad es que no existe tarea más divertida que ordenar. Es más, siempre y cuando hayas acabado de seleccionar tus cosas en función de si te producen felicidad o no, el almacenamiento no te producirá quebraderos de cabeza. Si eres capaz de saber dónde está cada cosa, tanto tú como tus pertenencias sentiréis que os encontráis en vuestro estado natural, y con eso todo irá bien.

A la hora de seleccionar tus cosas tienes que sentir si te producen felicidad o no, así que guárdalas mientras sientas una conexión con ellas. Estoy convencida de que este método *sensorial* es la mejor manera de crear un hogar agradable.

¡Inténtalo!

Hábitos para alcanzar la felicidad de julio

A modo de calentamiento, establece los hábitos para alcanzar la felicidad de este mes.

⬤ ¿Aún tienes cosas que no has acabado de decidir si te producen felicidad o no?

⬤ ¿Tienes cosas que aún no has decidido cómo almacenar?

● Fija los hábitos (pequeñas acciones) para alcanzar la felicidad
de este mes.

Memo

7

Julio

Convierte el interior de tu casa en un espacio feliz: coloca a tu alrededor solo tus objetos favoritos, que te produzcan felicidad y destilen un montón de amor.

Comprueba tus planes para el verano
Haz planes para pasar un verano feliz.

月 Lun	火 Mar	水 Mié
27	28	29
4	5	6
11	12	13
18	19	20
25 Día de Galicia	26	27
1	2	3

木 Jue	金 Vie	土 Sáb	日 Dom
30	1	2	3
7	8	9	10
14 Luna llena ●	15	16	17
21	22	23	24
28 Día de Cantabria	29	30	31
4	5		

10
11
12
1
2
3
4
5
6
7
8
9
10
11
12

6

L	M	X	J	V	S	D
			1	2	3	4	5
6	7	8	9	10	11	12
13	14	15	16	17	18	19
20	21	22	23	24	25	26
27	28	29	30			

8

L	M	X	J	V	S	D
1	2	3	4	5	6	7
8	9	10	11	12	13	14
15	16	17	18	19	20	21
22	23	24	25	26	27	28
29	30	31				

7

Julio

☆ Cosas que quiero ordenar esta semana

27 月 Lun
- ☐
- ☐
- ☐

a. m.

p. m.

28 火 Mar
- ☐
- ☐
- ☐

a. m.

p. m.

29 水 Mié
- ☐
- ☐
- ☐

a. m.

p. m.

30 木 Jue
- ☐
- ☐
- ☐

a. m.

p. m.

☆ Mi motivo de felicidad de hoy

	6					
L	M	X	J	V	S	D
			1	2	3	4	5
6	7	8	9	10	11	12
13	14	15	16	17	18	19
20	21	22	23	24	25	26
27	28	29	30			

	8					
L	M	X	J	V	S	D
1	2	3	4	5	6	7
8	9	10	11	12	13	14
15	16	17	18	19	20	21
22	23	24	25	26	27	28
29	30	31				

Palabras mágicas

Decir «es un desperdicio sacar un regalo de su caja» es precisamente un desperdicio.

1 金 Vie

☐
☐
☐
a. m.

p. m.

2 土 Sáb

☐
☐
☐
a. m.

p. m.

3 日 Dom

☐
☐
☐
a. m.

p. m.

☆ Esta semana he cambiado en...

10
11
12
1
2
3
4
5
6
7
8
9
10
11
12

☆ Mi motivo de felicidad de hoy

Cómo doblar pantalones
¡EMPIEZA!

165

7

Julio

4 月 Lun

☐
☐
☐
a. m.

p. m.

5 火 Mar

☐
☐
☐
a. m.

p. m.

6 水 Mié

☐
☐
☐
a. m.

p. m.

7 木 Jue

☐
☐
☐
a. m.

p. m.

☆ Mi motivo de felicidad de hoy

		6				
L	M	X	J	V	S	D
			1	2	3	4	5
6	7	8	9	10	11	12
13	14	15	16	17	18	19
20	21	22	23	24	25	26
27	28	29	30			

		8				
L	M	X	J	V	S	D
1	2	3	4	5	6	7
8	9	10	11	12	13	14
15	16	17	18	19	20	21
22	23	24	25	26	27	28
29	30	31				

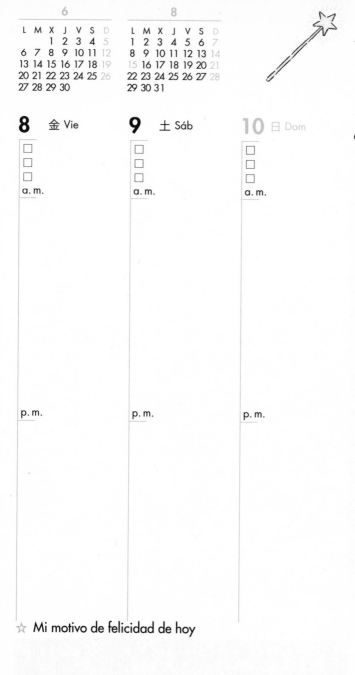

Palabras mágicas
Un tocador ya ordenado es el mejor escenario en el que llevar a lo más alto el «ritual para convertirte en la mujer del día».

8 金 Vie

☐
☐
☐
a. m.

p. m.

9 ± Sáb

☐
☐
☐
a. m.

p. m.

10 日 Dom

☐
☐
☐
a. m.

p. m.

☆ Esta semana he cambiado en...

10
11
12
1
2
3
4
5
6
7
8
9
10
11
12

☆ Mi motivo de felicidad de hoy

Los doblamos por la mitad, en vertical.

7

Julio

☆ Cosas que quiero ordenar esta semana

11 月 Lun

☐
☐
☐
a. m.

p. m.

12 火 Mar

☐
☐
☐
a. m.

p. m.

13 水 Mié

☐
☐
☐
a. m.

p. m.

14 木 Jue ●

☐
☐
☐
a. m.

p. m.

☆ Mi motivo de felicidad de hoy

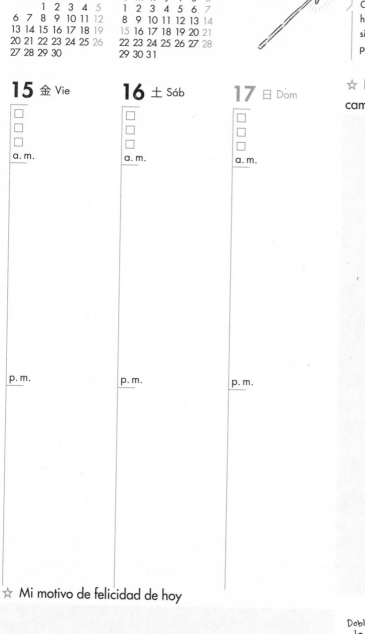

			6								8			
L	M	X	J	V	S	D	L	M	X	J	V	S	D
		1	2	3	4	5	1	2	3	4	5	6	7
6	7	8	9	10	11	12	8	9	10	11	12	13	14
13	14	15	16	17	18	19	15	16	17	18	19	20	21
20	21	22	23	24	25	26	22	23	24	25	26	27	28
27	28	29	30				29	30	31				

Palabras mágicas
Cuando dobles la ropa,
hazlo con firmeza, como
si estuvieras haciendo
papiroflexia.

15 金 Vie

☐
☐
☐
a. m.

p. m.

16 土 Sáb

☐
☐
☐
a. m.

p. m.

17 日 Dom

☐
☐
☐
a. m.

p. m.

☆ Esta semana he
cambiado en...

10

11

12

1

2

3

4

5

6

7

8

9

10

11

12

☆ Mi motivo de felicidad de hoy

Doblamos hacia dentro
la zona del trasero.

7

Julio

18 月 Lun

☐
☐
☐
a. m.

p. m.

19 火 Mar

☐
☐
☐
a. m.

p. m.

20 水 Mié

☐
☐
☐
a. m.

p. m.

21 木 Jue

☐
☐
☐
a. m.

p. m.

☆ Mi motivo de felicidad de hoy

6

L	M	X	J	V	S	D
		1	2	3	4	5
6	7	8	9	10	11	12
13	14	15	16	17	18	19
20	21	22	23	24	25	26
27	28	29	30			

8

L	M	X	J	V	S	D
1	2	3	4	5	6	7
8	9	10	11	12	13	14
15	16	17	18	19	20	21
22	23	24	25	26	27	28
29	30	31				

Palabras mágicas

Llamamos «ese "clic" de la cantidad justa» al momento en el que nos damos cuenta de que tenemos la cantidad suficiente de cosas agradables.

22 金 Vie

☐
☐
☐
a. m.

p. m.

23 土 Sáb

☐
☐
☐
a. m.

p. m.

24 日 Dom

☐
☐
☐
a. m.

p. m.

☆ Esta semana he cambiado en...

10

11

12

1

2

3

4

5

6

7

8

9

10

11

12

☆ Mi motivo de felicidad de hoy

Los doblamos por la mitad sin llegar al extremo superior.

7

Julio

☆ Cosas que quiero ordenar esta semana

25 月 Lun ^{Día de Galicia}

☐
☐
☐

a. m.

p. m.

26 火 Mar

☐
☐
☐

a. m.

p. m.

27 水 Mié

☐
☐
☐

a. m.

p. m.

28 木 Jue ^{Día de Cantabria}

☐
☐
☐

a. m.

p. m.

☆ Mi motivo de felicidad de hoy

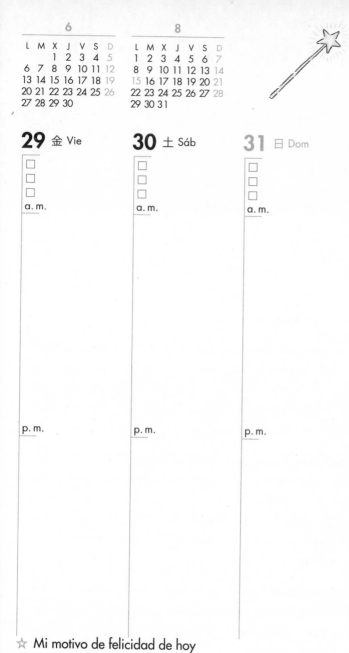

6

L	M	X	J	V	S	D
		1	2	3	4	5
6	7	8	9	10	11	12
13	14	15	16	17	18	19
20	21	22	23	24	25	26
27	28	29	30			

8

L	M	X	J	V	S	D
1	2	3	4	5	6	7
8	9	10	11	12	13	14
15	16	17	18	19	20	21
22	23	24	25	26	27	28
29	30	31				

Palabras mágicas

Otra norma básica para almacenar es el «almacenamiento del noventa por ciento»: mete tus cosas sin que lleguen a estar apretujadas.

29 金 Vie

☐
☐
☐
a. m.

p. m.

30 ± Sáb

☐
☐
☐
a. m.

p. m.

31 日 Dom

☐
☐
☐
a. m.

p. m.

☆ Esta semana he cambiado en...

10
11
12
1
2
3
4
5
6
7
8
9
10
11
12

☆ Mi motivo de felicidad de hoy

Los doblamos tres veces.

173

8 Agosto

Las cosas que son importantes solo para mí

Solo nosotros mismos podemos decidir qué cosas nos producen felicidad.

Algo que se cae de puro viejo, que no tiene nada de maravilloso y que cuando los demás lo ven piensan «¿Y esto por qué?», pero que de ninguna de las maneras puedes tirar, es esa «cosa que, porque sí, te produce felicidad». Todos tenemos algo así. Por mucho que alguien te diga que lo tires, no tienes que hacerlo. Quédatelo y trátalo como algo noble y preciado.

Por ejemplo, el objeto que me produce felicidad solo a mí es un costurero antiguo de madera. Me lo regalaron mis padres por Navidad cuando iba al colegio y llevo más de veinte años con él. La pintura de las esquinas se ha desconchado aquí y allá, los accesorios de metal de la tapa se han roto y los tiradores de los cajones se han salido, ya que tiene muchos años de experiencia a sus espaldas.

Ahora su función ha cambiado: ya no es un costurero, sino un estuche de maquillaje, así que todos los días desempeña un papel importante. Es evidente que para cualquier otra persona será una caja de madera sin nada especial, pero para mí es un tesoro.

Así, por muy resplandeciente y práctico que pueda ser un estuche de maquillaje, nunca será rival para esta caja. Cada vez que me maquillo, me basta con tocarla y contemplarla para que mi corazón se llene de gozo. ¿No te haría feliz tener algo así, ya se trate de ropa o de cosas pequeñas?

Trata bien las cosas que son importantes y agradéceles todo lo que hacen por ti. También puedes acariciarlas con suavidad o abrazarlas con fuerza.

Al recibir el amor de sus dueños y verse tratados con cuidado, los objetos obtienen energía y resplandecen. Si valoras tus pertenencias una a una, seguro que también tú acabarás brillando aún más.

Hábitos para alcanzar la felicidad de agosto

A modo de calentamiento, establece los hábitos para alcanzar la felicidad de este mes.

● ¿Qué quieres hacer este verano?

● ¿Qué cosa te produce felicidad solo a ti, porque sí?

☆ **Unas palabras de Marie Kondo**
Cuando la familia se reúne en verano es un buen
momento para ordenar. También podéis convertirlo en
un «campeonato del orden» o incluso en una fiesta.

● Fija los hábitos (pequeñas acciones) para alcanzar la felicidad
de este mes.

Memo

2022

8

Agosto

Cuando se trata de objetos familiares es mejor que os dediquéis a ordenarlos en familia, ya que este tipo de enseres, como fotografías o recuerdos, pertenecen a todos los miembros.

Fija un día para un festival del orden
El día que te reúnas con la familia puedes convertir la tarea de ordenar en una celebración.

月 Lun	火 Mar	水 Mié
1	2	3
8	9	10
15 Día de la Asunción de María	16	17
22	23	24
29	30	31
5	6	7

木 Jue	金 Vie	土 Sáb	日 Dom
4	5	6	7
11	12 Luna llena ●	13	14
18	19	20	21
25	26	27 Luna nueva	28
1	2	3	4
8	9		

10
11
12
1
2
3
4
5
6
7
8
9
10
11
12

7

L	M	X	J	V	S	D
				1	2	3
4	5	6	7	8	9	10
11	12	13	14	15	16	17
18	19	20	21	22	23	24
25	26	27	28	29	30	31

9

L	M	X	J	V	S	D
				1	2	3
5	6	7	8	9	10	11
12	13	14	15	16	17	18
19	20	21	22	23	24	25
26	27	28	29	30		

8

Agosto

☆ Cosas que quiero ordenar esta semana

1 月 Lun

☐
☐
☐
a. m.

p. m.

2 火 Mar

☐
☐
☐
a. m.

p. m.

3 水 Mié

☐
☐
☐
a. m.

p. m.

4 木 Jue

☐
☐
☐
a. m.

p. m.

☆ Mi motivo de felicidad de hoy

7						
L	M	X	J	V	S	D
				1	2	3
4	5	6	7	8	9	10
11	12	13	14	15	16	17
18	19	20	21	22	23	24
25	26	27	28	29	30	31

9						
L	M	X	J	V	S	D
			1	2	3	4
5	6	7	8	9	10	11
12	13	14	15	16	17	18
19	20	21	22	23	24	25
26	27	28	29	30		

Palabras mágicas

Pensar que ordenar
es una rutina que
continuará eternamente
supone un enorme
malentendido.

5 金 Vie

☐
☐
☐
a. m.

p. m.

6 土 Sáb

☐
☐
☐
a. m.

p. m.

7 日 Dom

☐
☐
☐
a. m.

p. m.

☆ Esta semana he cambiado en...

10
11
12
1
2
3
4
5
6
7
8
9
10
11
12

☆ Mi motivo de felicidad de hoy

181

8

Agosto

☆ Cosas que quiero ordenar esta semana

8 月 Lun

☐
☐
☐
a. m.

p. m.

9 火 Mar

☐
☐
☐
a. m.

p. m.

10 水 Mié

☐
☐
☐
a. m.

p. m.

11 木 Jue

☐
☐
☐
a. m.

p. m.

☆ Mi motivo de felicidad de hoy

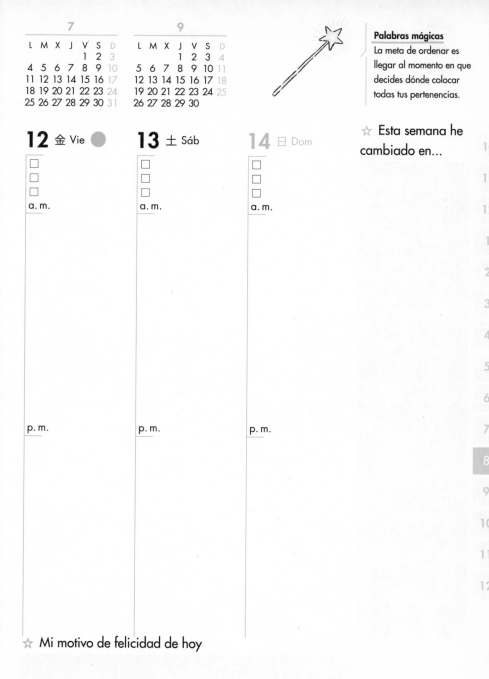

7						
L	M	X	J	V	S	D
				1	2	3
4	5	6	7	8	9	10
11	12	13	14	15	16	17
18	19	20	21	22	23	24
25	26	27	28	29	30	31

9						
L	M	X	J	V	S	D
			1	2	3	4
5	6	7	8	9	10	11
12	13	14	15	16	17	18
19	20	21	22	23	24	25
26	27	28	29	30		

Palabras mágicas
La meta de ordenar es
llegar al momento en que
decides dónde colocar
todas tus pertenencias.

12 金 Vie ●

☐
☐
☐
a. m.

p. m.

13 土 Sáb

☐
☐
☐
a. m.

p. m.

14 日 Dom

☐
☐
☐
a. m.

p. m.

☆ Esta semana he
cambiado en...

10

11

12

1

2

3

4

5

6

7

8

9

10

11

12

☆ Mi motivo de felicidad de hoy

8

Agosto

☆ Cosas que quiero ordenar esta semana

15 月 Lun　Asunción de María

☐
☐
☐
a. m.

p. m.

16 火 Mar

☐
☐
☐
a. m.

p. m.

17 水 Mié

☐
☐
☐
a. m.

p. m.

18 木 Jue

☐
☐
☐
a. m.

p. m.

☆ Mi motivo de felicidad de hoy

7						
L	M	X	J	V	S	D
				1	2	3
4	5	6	7	8	9	10
11	12	13	14	15	16	17
18	19	20	21	22	23	24
25	26	27	28	29	30	31

9						
L	M	X	J	V	S	D
			1	2	3	4
5	6	7	8	9	10	11
12	13	14	15	16	17	18
19	20	21	22	23	24	25
26	27	28	29	30		

Palabras mágicas

No he dedicado nada de tiempo a ordenar mi habitación. Esto es porque ya estaba ordenada.

19 金 Vie

- ☐
- ☐
- ☐

a. m.

p. m.

20 土 Sáb

- ☐
- ☐
- ☐

a. m.

p. m.

21 日 Dom

- ☐
- ☐
- ☐

a. m.

p. m.

☆ Esta semana he cambiado en...

10

11

12

1

2

3

4

5

6

7

8

9

10

11

12

☆ Mi motivo de felicidad de hoy

8
Agosto

☆ Cosas que quiero ordenar esta semana

22 月 Lun

☐
☐
☐
a. m.

p. m.

23 火 Mar

☐
☐
☐
a. m.

p. m.

24 水 Mié

☐
☐
☐
a. m.

p. m.

25 木 Jue

☐
☐
☐
a. m.

p. m.

☆ Mi motivo de felicidad de hoy

7

L	M	X	J	V	S	D
				1	2	3
4	5	6	7	8	9	10
11	12	13	14	15	16	17
18	19	20	21	22	23	24
25	26	27	28	29	30	31

9

L	M	X	J	V	S	D
			1	2	3	4
5	6	7	8	9	10	11
12	13	14	15	16	17	18
19	20	21	22	23	24	25
26	27	28	29	30		

Palabras mágicas

Ordenar es el acto de enfrentarse a uno mismo, mientras que la limpieza es el acto de enfrentarse a la naturaleza, a saber, el polvo: son tareas totalmente distintas.

26 金 Vie

☐
☐
☐
a. m.

p. m.

27 土 Sáb

☐
☐
☐
a. m.

p. m.

28 日 Dom

☐
☐
☐
a. m.

p. m.

☆ Esta semana he cambiado en...

10

11

12

1

2

3

4

5

6

7

8

9

10

11

12

☆ Mi motivo de felicidad de hoy

8

Agosto

☆ Cosas que quiero ordenar esta semana

29 月 Lun
☐
☐
☐
a. m.

p. m.

30 火 Mar
☐
☐
☐
a. m.

p. m.

31 水 Mié
☐
☐
☐
a. m.

p. m.

1 木 Jue
☐
☐
☐
a. m.

p. m.

☆ Mi motivo de felicidad de hoy

7

L	M	X	J	V	S	D
				1	2	3
4	5	6	7	8	9	10
11	12	13	14	15	16	17
18	19	20	21	22	23	24
25	26	27	28	29	30	31

9

L	M	X	J	V	S	D
			1	2	3	4
5	6	7	8	9	10	11
12	13	14	15	16	17	18
19	20	21	22	23	24	25
26	27	28	29	30		

Palabras mágicas

No pienses en guardar tus cosas hasta que no hayas terminado de seleccionar las que quieres descartar.

2 金 Vie

☐
☐
☐
a. m.

p. m.

3 土 Sáb

☐
☐
☐
a. m.

p. m.

4 日 Dom

☐
☐
☐
a. m.

p. m.

☆ Esta semana he cambiado en...

10

11

12

1

2

3

4

5

6

7

8

9

10

11

12

☆ Mi motivo de felicidad de hoy

189

¿Una persona se define por cómo se viste cuando está en casa?

Lo que te voy a preguntar es un poco inesperado, pero ¿qué ropa llevas cuando estás en casa? ¿Te pones un chándal? No me digas que te quedas en pijama...

La peor respuesta es «Llevo lo mismo cuando duermo que cuando ya me he levantado». El aspecto que uno tiene cuando está en casa y nadie lo ve está directamente relacionado con la imagen que tiene de sí mismo. Ya que le estás dedicando tiempo a ordenar tu casa y que aspiras a alcanzar la felicidad en tu vida, es una pena que no prestes atención a la ropa de estar por casa. A mi parecer, **si vas en chándal te convertirás en alguien a quien le quedan bien los chándales.**

A partir de hoy, deja de ponerte ropa de estar por casa que no te produzca felicidad. Pon todo tu empeño en vestir bien.

Esta es una escena muy habitual cuando se está en plena tarea de ordenar: «Esta prenda no me produce felicidad, pero aún me la puedo poner, así que sería una pena tirarla. ¿Debería dejarla para ponérmela en casa?».

En el pasado yo también «degradé» ropa de calle que ya no me ponía a la categoría de ropa de estar por casa. Así, me quedé con blusas pasadas de moda, jerséis con bolas o polos que no me quedaban bien para ponérmelos en casa.

Sin embargo, lo cierto es que casi nunca me puse esa ropa que había «degradado». Para empezar, se trataba de ropa de calle, así que muchas de esas prendas no me permitían relajarme en casa y, sobre todo, se trataba de ropa que al ponérmela no me producía felicidad, así que era lógico que no tuviera ganas de llevarla. Al final, terminé dándome cuenta de que lo único que estaba haciendo era retrasar el momento de tirarla.

El tiempo que pasas en casa es igual de importante en tu vida que el tiempo que pasas en la calle, así que para estar por casa no dudes en cambiarte de ropa y ponerte aquella que te produzca una felicidad sin igual.

Hábitos para alcanzar la felicidad de septiembre

A modo de calentamiento, establece los hábitos para alcanzar la felicidad de este mes.

- ¿En qué empleas el tiempo que estás en casa?

- ¿Qué es lo que querías hacer, pero no has podido?

☆ **Unas palabras de Marie Kondo**

El otoño es la estación que me permite disfrutar de mi tiempo en el hogar. También durante el tiempo que paso en casa me gusta estar rodeada de las cosas que más felicidad me producen.

⬤ Fija los hábitos (pequeñas acciones) para alcanzar la felicidad de este mes.

Memo

2022

9

Septiembre

Para aumentar
la felicidad
de tu hogar,
concéntrate en
la limpieza.
Convierte este
mes en el mes de
refuerzo de la
limpieza.

<u>Establece un plan de</u>
<u>limpieza para antes de</u>
<u>que acabe el año</u>
Piensa qué lugares
quieres limpiar o
ve preparando una
limpieza general.

月 Lun	火 Mar	水 Mié
29	30	31
5	6	7
12	13	14
19	20	21
26	27	26
3	4	5

194

木 Jue	金 Vie	土 Sáb	日 Dom
1	2 Día de Ceuta	3	4
8 Día de Asturias Día de Extremadura	9	10 Luna llena	11 Día de Cataluña / Día Mundial de la Limpieza
15	16	17 Día de Melilla	18
22	23 Equinoccio de otoño	24	25 Luna nueva
29	30	1	2
6	7		

8

L	M	X	J	V	S	D
1	2	3	4	5	6	7
8	9	10	11	12	13	14
15	16	17	18	19	20	21
22	23	24	25	26	27	28
29	30	31				

10

L	M	X	J	V	S	D
					1	2
3	4	5	6	7	8	9
10	11	12	13	14	15	16
17	18	19	20	21	22	23
24	25	26	27	28	29	30
31						

Septiembre

☆ Cosas que quiero ordenar esta semana

29 月 Lun

☐
☐
☐
a.m.

p.m.

30 火 Mar

☐
☐
☐
a.m.

p.m.

31 水 Mié

☐
☐
☐
a.m.

p.m.

1 木 Jue

☐
☐
☐
a.m.

p.m.

☆ Mi motivo de felicidad de hoy

8						
L	M	X	J	V	S	D
1	2	3	4	5	6	7
8	9	10	11	12	13	14
15	16	17	18	19	20	21
22	23	24	25	26	27	28
29	30	31				

10						
L	M	X	J	V	S	D
					1	2
3	4	5	6	7	8	9
10	11	12	13	14	15	16
17	18	19	20	21	22	23
24	25	26	27	28	29	30
31						

Palabras mágicas
Para atesorar las cosas que realmente te importan, deshazte de aquellas que ya hayan cumplido su función.

2 金 Vie Día de Ceuta

☐
☐
☐
a. m.

p. m.

3 ± Sáb

☐
☐
☐
a. m.

p. m.

4 日 Dom

☐
☐
☐
a. m.

p. m.

☆ Esta semana he cambiado en...

10

11

12

1

2

3

4

5

6

7

8

9

10

11

12

☆ Mi motivo de felicidad de hoy

9

Septiembre

☆ Cosas que quiero ordenar esta semana

5 月 Lun

☐
☐
☐
a. m.

p. m.

6 火 Mar

☐
☐
☐
a. m.

p. m.

7 水 Mié

☐
☐
☐
a. m.

p. m.

8 木 Jue   Día de Asturias
Día de Extremadura

☐
☐
☐
a. m.

p. m.

☆ Mi motivo de felicidad de hoy

8

L	M	X	J	V	S	D
1	2	3	4	5	6	7
8	9	10	11	12	13	14
15	16	17	18	19	20	21
22	23	24	25	26	27	28
29	30	31				

10

L	M	X	J	V	S	D
					1	2
3	4	5	6	7	8	9
10	11	12	13	14	15	16
17	18	19	20	21	22	23
24	25	26	27	28	29	30
31						

Palabras mágicas

Tienes pensado releer ese libro algún día, pero ese «algún día» nunca llegará: son muy pocos los libros que volverás a leer.

9 金 Vie

☐
☐
☐
a. m.

p. m.

10 土 Sáb ●

☐
☐
☐
a. m.

p. m.

11 Día de Cataluña
Día Mundial de la Limpieza

☐
☐
☐
a. m.

p. m.

☆ Esta semana he cambiado en...

10
11
12
1
2
3
4
5
6
7
8
9
10
11
12

☆ Mi motivo de felicidad de hoy

9
Septiembre

☆ Cosas que quiero ordenar esta semana

12 月 Lun
- ☐
- ☐
- ☐

a. m.

p. m.

13 火 Mar
- ☐
- ☐
- ☐

a. m.

p. m.

14 水 Mié
- ☐
- ☐
- ☐

a. m.

p. m.

15 木 Jue
- ☐
- ☐
- ☐

a. m.

p. m.

☆ Mi motivo de felicidad de hoy

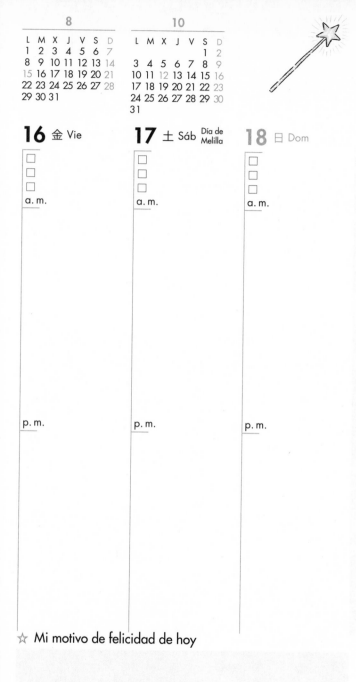

8

L	M	X	J	V	S	D
1	2	3	4	5	6	7
8	9	10	11	12	13	14
15	16	17	18	19	20	21
22	23	24	25	26	27	28
29	30	31				

10

L	M	X	J	V	S	D
					1	2
3	4	5	6	7	8	9
10	11	12	13	14	15	16
17	18	19	20	21	22	23
24	25	26	27	28	29	30
31						

Palabras mágicas

«Algún día me gustaría estudiarlo», pero... ¿acaso has retomado los estudios? No hay mucha gente que lo haga.

16 金 Vie

☐
☐
☐
a. m.

p. m.

17 土 Sáb Día de Melilla

☐
☐
☐
a. m.

p. m.

18 日 Dom

☐
☐
☐
a. m.

p. m.

☆ Esta semana he cambiado en...

10

11

12

1

2

3

4

5

6

7

8

9

10

11

12

☆ Mi motivo de felicidad de hoy

9

Septiembre

19 月 Lun
- ☐
- ☐
- ☐

a. m.

p. m.

20 火 Mar
- ☐
- ☐
- ☐

a. m.

p. m.

21 水 Mié
- ☐
- ☐
- ☐

a. m.

p. m.

22 木 Jue
- ☐
- ☐
- ☐

a. m.

p. m.

☆ Mi motivo de felicidad de hoy

* Equinoccio de otoño. Día festivo en Japón que celebra el final del verano y el comienzo del otoño. Al igual que en el equinoccio de primavera, en torno a esta fecha la gente vuelve a casa de sus padres y visita las tumbas de sus

8

L	M	X	J	V	S	D
1	2	3	4	5	6	7
8	9	10	11	12	13	14
15	16	17	18	19	20	21
22	23	24	25	26	27	28
29	30	31				

10

L	M	X	J	V	S	D
					1	2
3	4	5	6	7	8	9
10	11	12	13	14	15	16
17	18	19	20	21	22	23
24	25	26	27	28	29	30
31						

Palabras mágicas
Muchas personas viven rodeadas de demasiados objetos pequeños que tienen sin saber muy bien por qué.

23 金 Vie Equinoccio de otoño*

☐
☐
☐
a. m.

p. m.

24 ± Sáb

☐
☐
☐
a. m.

p. m.

25 日 Dom

☐
☐
☐
a. m.

p. m.

☆ Esta semana he cambiado en...

10
11
12
1
2
3
4
5
6
7
8
9
10
11
12

☆ Mi motivo de felicidad de hoy

antepasados, pero también muchos aprovechan para hacer cambios en su vida (por ejemplo, limpiar la casa a fondo o cambiar de trabajo).

9

Septiembre

☆ Cosas que quiero ordenar esta semana

26 月 Lun
☐
☐
☐
a. m.

p. m.

27 火 Mar
☐
☐
☐
a. m.

p. m.

28 水 Mié
☐
☐
☐
a. m.

p. m.

29 木 Jue
☐
☐
☐
a. m.

p. m.

☆ Mi motivo de felicidad de hoy

8

L	M	X	J	V	S	D
1	2	3	4	5	6	7
8	9	10	11	12	13	14
15	16	17	18	19	20	21
22	23	24	25	26	27	28
29	30	31				

10

L	M	X	J	V	S	D
					1	2
3	4	5	6	7	8	9
10	11	12	13	14	15	16
17	18	19	20	21	22	23
24	25	26	27	28	29	30
31						

Palabras mágicas

La función de un regalo es recibirlo. Si no te produce felicidad, agradece los sentimientos de quien te lo hizo y deshazte de él.

30 金 Vie

☐
☐
☐
a. m.

p. m.

1 ± Sáb

☐
☐
☐
a. m.

p. m.

2 日 Dom

☐
☐
☐
a. m.

p. m.

☆ Esta semana he cambiado en...

10

11

12

1

2

3

4

5

6

7

8

9

10

11

12

☆ Mi motivo de felicidad de hoy

10 *Octubre*

¿Hacerle frente ahora o no hacerle frente hasta que me muera?

Ir haciendo frente a todas y cada una de las cosas que has ido acumulando hasta ahora y tirar muchas de ellas es una tarea que resulta muy dura.

Durante ese proceso, yo no tuve más remedio que reconocer la estupidez, tontería e inmadurez de mi yo del pasado. En algunas ocasiones, tú también habrás experimentado una vergüenza o un arrepentimiento tremendos; yo misma los he sentido muchas veces, así que lo entiendo perfectamente.

Merchandising del anime al que estaba enganchada de joven, ropa que había comprado porque era lo que tocaba pero que no me quedaba nada bien, productos de marca que había comprado para alardear...

«Si tenía dinero para comprar estas cosas, lo mejor habría sido que lo hubiera ahorrado», «La mires por donde la mires, esta ropa no me quedaba bien, ¿por qué me la compraría?». Delante de las bolsas de basura, me llevé las manos a la cabeza y me odié a mí misma.

Pero que ese sentimiento no te haga fingir que nunca has visto todas esas cosas, ni tampoco las embutas con violencia en la bolsa de basura pretendiendo que nunca han existido.

La realidad es que esas cosas están ahí. Y son el resultado de las decisiones que tú, y nadie más que tú, tomaste en el pasado.

Haciendo frente a tus pertenencias una por una y experimentando las emociones que van emergiendo al contemplarlas asimilas por primera vez la relación que tienes con ellas. En definitiva, puedes poner en orden tu pasado.

Cuando lo consigas, verás con claridad qué es necesario en tu vida y qué no, y qué deberías hacer y qué deberías dejar de hacer. Tus valores se aclararán y en las decisiones que tomes en el futuro y que afecten a tu vida ya no albergarás dudas.

Son tres las opciones que tenemos para nuestras cosas: ¿les hacemos frente ahora, les haremos frente algún día o no les haremos frente hasta que muramos?

¿Qué opción piensas elegir? La que yo recomiendo sin lugar a dudas es hacerles frente ahora: empieza ahora mismo a enfrentarte a las cosas que tienes y decídete a acabar de ordenar sin falta antes de que termine el año.

¡Inténtalo!

Hábitos para alcanzar la felicidad de octubre

A modo de calentamiento, establece los hábitos para alcanzar la felicidad de este mes.

● ¿Qué has dejado sin ordenar?

● ¿Qué quieres hacer antes de que acabe el año?

☆ **Unas palabras de Marie Kondo**

Quedan tres meses para que termine el año. Si tienes cosas que aún no has hecho, ¡es hora del último esfuerzo! Es más, acaba de ordenar tu casa para no arrepentirte después.

● Fija los hábitos (pequeñas acciones) para alcanzar la felicidad de este mes.

Memo

2022

10

Octubre

¿Harás frente ahora a tus cosas, les harás frente algún día o no les harás frente jamás? Yo te recomiendo, sin ninguna duda, que te enfrentes a ellas ahora.

¿Has establecido un plan para ordenar? Quedan tres meses para que acabe el año. Si quieres revisar tu plan para ordenar, ahora es el momento.

月 Lun	火 Mar	水 Mié
26	27	28
3	4	5
10	11	12 Día de la Hispanidad
17	18	19
24	25 Luna nueva	26
31	1	2

木 Jue	金 Vie	土 Sáb	日 Dom
29	30	1	2
6	7	8	9 Día de la C. Valenciana ●
13	14	15	16
20	21	22	23
27	28	29	30
3	4		

10
11
12
1
2
3
4
5
6
7
8
9
10
11
12

9

L	M	X	J	V	S	D
			1	2	3	4
5	6	7	8	9	10	11
12	13	14	15	16	17	18
19	20	21	22	23	24	25
26	27	28	29	30		

11

L	M	X	J	V	S	D
	1	2	3	4	5	6
7	8	9	10	11	12	13
14	15	16	17	18	19	20
21	22	23	24	25	26	27
28	29	30				

10
Octubre

☆ Cosas que quiero ordenar esta semana

26 月 Lun
- ☐
- ☐
- ☐

a. m.

p. m.

27 火 Mar
- ☐
- ☐
- ☐

a. m.

p. m.

28 水 Mié
- ☐
- ☐
- ☐

a. m.

p. m.

29 木 Jue
- ☐
- ☐
- ☐

a. m.

p. m.

☆ Mi motivo de felicidad de hoy

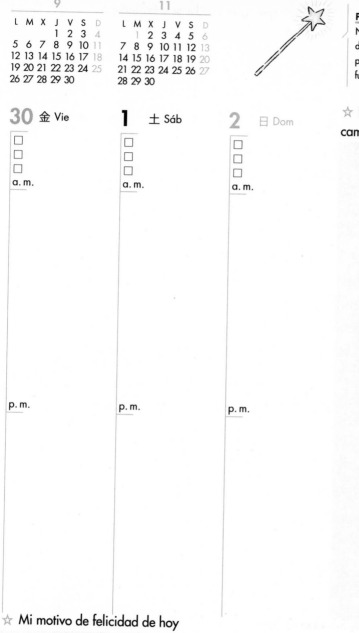

9

L	M	X	J	V	S	D
			1	2	3	4
5	6	7	8	9	10	11
12	13	14	15	16	17	18
19	20	21	22	23	24	25
26	27	28	29	30		

11

L	M	X	J	V	S	D
	1	2	3	4	5	6
7	8	9	10	11	12	13
14	15	16	17	18	19	20
21	22	23	24	25	26	27
28	29	30				

Palabras mágicas

No uses el espacio del que dispones para tu yo del pasado, sino para tu yo del futuro.

30 金 Vie
- ☐
- ☐
- ☐

a. m.

p. m.

1 土 Sáb
- ☐
- ☐
- ☐

a. m.

p. m.

2 日 Dom
- ☐
- ☐
- ☐

a. m.

p. m.

☆ **Esta semana he cambiado en...**

10
11
12
1
2
3
4
5
6
7
8
9
10
11
12

☆ **Mi motivo de felicidad de hoy**

Cómo doblar calcetines
¡EMPIEZA!

213

10

Octubre

☆ Cosas que quiero ordenar esta semana

3 月 Lun

☐
☐
☐
a.m.

p.m.

4 火 Mar

☐
☐
☐
a.m.

p.m.

5 水 Mié

☐
☐
☐
a.m.

p.m.

6 木 Jue

☐
☐
☐
a.m.

p.m.

☆ Mi motivo de felicidad de hoy

9

L	M	X	J	V	S	D
			1	2	3	4
5	6	7	8	9	10	11
12	13	14	15	16	17	18
19	20	21	22	23	24	25
26	27	28	29	30		

11

L	M	X	J	V	S	D
	1	2	3	4	5	6
7	8	9	10	11	12	13
14	15	16	17	18	19	20
21	22	23	24	25	26	27
28	29	30				

Palabras mágicas

Que lleves en brazos muchas cosas sin haberte deshecho de ellas no significa que de verdad las aprecies.

7 金 Vie

☐
☐
☐
a. m.

p. m.

8 土 Sáb

☐
☐
☐
a. m.

p. m.

9 Día de la C. Valenciana

☐
☐
☐
a. m.

p. m.

☆ Esta semana he cambiado en...

10
11
12
1
2
3
4
5
6
7
8
9
10
11
12

☆ Mi motivo de felicidad de hoy

Cogemos un par de calcetines y colocamos uno encima del otro.

10
Octubre

☆ Cosas que quiero ordenar esta semana

10 月 Lun
- ☐
- ☐
- ☐

a. m.

p. m.

11 火 Mar
- ☐
- ☐
- ☐

a. m.

p. m.

12 水 Mié Día de la Hispanidad
- ☐
- ☐
- ☐

a. m.

p. m.

13 木 Jue
- ☐
- ☐
- ☐

a. m.

p. m.

☆ Mi motivo de felicidad de hoy

9						
L	M	X	J	V	S	D
			1	2	3	4
5	6	7	8	9	10	11
12	13	14	15	16	17	18
19	20	21	22	23	24	25
26	27	28	29	30		

11						
L	M	X	J	V	S	D
	1	2	3	4	5	6
7	8	9	10	11	12	13
14	15	16	17	18	19	20
21	22	23	24	25	26	27
28	29	30				

Palabras mágicas
La clave para decidir el sitio donde guardar tus cosas es elegir uno para cada una ellas, sin dejarte ninguna.

14 金 Vie

☐
☐
☐
a. m.

p. m.

15 ± Sáb

☐
☐
☐
a. m.

p. m.

16 日 Dom

☐
☐
☐
a. m.

p. m.

☆ Esta semana he cambiado en...

10

11

12

1

2

3

4

5

6

7

8

9

10

11

12

☆ Mi motivo de felicidad de hoy

Los doblamos sin enrollarlos.

Octubre

☆ Cosas que quiero ordenar esta semana

17 月 Lun
- ☐
- ☐
- ☐
a.m.

p.m.

18 火 Mar
- ☐
- ☐
- ☐
a.m.

p.m.

19 水 Mié
- ☐
- ☐
- ☐
a.m.

p.m.

20 木 Jue
- ☐
- ☐
- ☐
a.m.

p.m.

☆ Mi motivo de felicidad de hoy

			9								11			
L	M	X	J	V	S	D	L	M	X	J	V	S	D
			1	2	3	4			1	2	3	4	5	6
5	6	7	8	9	10	11	7	8	9	10	11	12	13
12	13	14	15	16	17	18	14	15	16	17	18	19	20
19	20	21	22	23	24	25	21	22	23	24	25	26	27
26	27	28	29	30			28	29	30				

Palabras mágicas

Con que haya una sola cosa
que no tenga un lugar fijo, la
probabilidad de que reine el
desorden se dispara.

21 金 Vie

☐
☐
☐

a. m.

p. m.

22 ± Sáb

☐
☐
☐

a. m.

p. m.

23 日 Dom

☐
☐
☐

a. m.

p. m.

☆ Esta semana he
cambiado en...

10

11

12

1

2

3

4

5

6

7

8

9

10

11

12

☆ Mi motivo de felicidad de hoy

En función del tamaño,
los doblamos de nuevo
dos o tres veces.

10

Octubre

☆ Cosas que quiero ordenar esta semana

24 月 Lun

☐
☐
☐
a. m.

p. m.

25 火 Mar

☐
☐
☐
a. m.

p. m.

26 水 Mié

☐
☐
☐
a. m.

p. m.

27 木 Jue

☐
☐
☐
a. m.

p. m.

☆ Mi motivo de felicidad de hoy

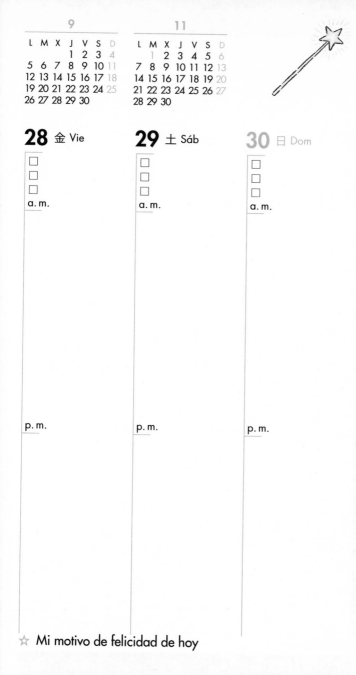

L	M	X	J	V	S	D
			1	2	3	4
5	6	7	8	9	10	11
12	13	14	15	16	17	18
19	20	21	22	23	24	25
26	27	28	29	30		

L	M	X	J	V	S	D
	1	2	3	4	5	6
7	8	9	10	11	12	13
14	15	16	17	18	19	20
21	22	23	24	25	26	27
28	29	30				

Palabras mágicas

Prevenir que después de haber ordenado vaya aumentando la cantidad de cosas que tengas depende de cómo simplifiques la manera de almacenarlas.

28 金 Vie

☐
☐
☐
a. m.

p. m.

29 土 Sáb

☐
☐
☐
a. m.

p. m.

30 日 Dom

☐
☐
☐
a. m.

p. m.

☆ Esta semana he cambiado en...

10

11

12

1

2

3

4

5

6

7

8

9

10

11

12

☆ Mi motivo de felicidad de hoy

10

Octubre

☆ Cosas que quiero ordenar esta semana

31 月 Lun

☐
☐
☐
a. m.

p. m.

1 火 Mar

☐
☐
☐
a. m.

p. m.

2 水 Mié

☐
☐
☐
a. m.

p. m.

3 木 Jue

☐
☐
☐
a. m.

p. m.

☆ Mi motivo de felicidad de hoy

9						
L	M	X	J	V	S	D
			1	2	3	4
5	6	7	8	9	10	11
12	13	14	15	16	17	18
19	20	21	22	23	24	25
26	27	28	29	30		

11						
L	M	X	J	V	S	D
	1	2	3	4	5	6
7	8	9	10	11	12	13
14	15	16	17	18	19	20
21	22	23	24	25	26	27
28	29	30				

Palabras mágicas

El secreto del éxito para doblar la ropa de formas extrañas consiste en no echarse atrás.

4 金 Vie

☐
☐
☐
a. m.

p. m.

5 土 Sáb

☐
☐
☐
a. m.

p. m.

6 日 Dom

☐
☐
☐
a. m.

p. m.

☆ Esta semana he cambiado en...

10

11

12

1

2

3

4

5

6

7

8

9

10

11

12

☆ Mi motivo de felicidad de hoy

223

Qué hacer cuando estés a punto de tirar la toalla

Cuando el festival del orden acaba de empezar, la intranquilidad nos afecta a todos: «¿Estará bien que esto dure tanto?»; «¿Cuándo acabaré? No consigo ver el final de esto». También puedes quedarte en medio de la habitación sin moverte y sin saber muy bien qué hacer.

Si la tarea de ordenar te está resultando dura, tómate un descanso. Prepárate un té, por ejemplo, y piensa tranquilamente en qué te gustaría hacer cuando acabes de ordenar o en cómo sería tu vida ideal. También puedes dedicarte a observar con calma las cosas que ya has ordenado. Abre un cajón en el que solo haya cosas que te produzcan felicidad: ¿ves cómo todo va bien? Seguro que el orden va progresando.

Ordenar es una tarea física, pero tus pertenencias no son infinitas. Por mucho desorden que reine en tu hogar, con que seas capaz de conservar las cosas que te producen felicidad y asignarles un lugar donde guardarlas, no hay duda de que terminarás de ordenar.

Aun así, cuando uno está ordenando a veces sucede que en una categoría en particular va más despacio y acaba atascándose.

Por ejemplo, he oído muchas veces «lo único que no puedo tirar son los libros» o «Tengo una enorme cantidad de táperes» y afirmaciones del estilo. Eso es lo que constituye tu punto de tensión.

Tu forma de tener las cosas está relacionada con tus relaciones personales y laborales y con tu forma de vivir. Las personas que tienen un punto de tensión en particular seguro que también tienen una tensión en sus relaciones personales o laborales, por ejemplo: «estoy resentido con mi madre» o «no me satisface mi trabajo actual». Si eres consciente de tus puntos de tensión, serás un poco más consciente de ellos cuando estés ordenando y notarás cómo cambia el proceso.

Enfrentarte a tus cosas es enfrentarte a ti mismo. El resultado de ordenar es que puedes darte cuenta de que has ido aferrándote a tus cosas sin ser consciente de ello y eso ha limitado tus movimientos.

Venga, cuando ya hayas descansado reanuda el festival del orden. Y una vez que hayas empezado, no te rindas. ¡Cuanto más ordenes, más irás acercándote a una vida feliz, que no te quepa la menor duda!

¡Inténtalo!

Hábitos para alcanzar la felicidad de noviembre

A modo de calentamiento, establece los hábitos para alcanzar la felicidad de este mes.

⬤ ¿Qué no te sale bien hagas lo que hagas?

⬤ ¿Cuál es el motivo de que no te salga bien?

☆ **Unas palabras de Marie Kondo**

Aunque haya cosas que no te salgan bien, imagínate tu vida ideal y llévala hasta el final. Seguro que terminarás de ordenar.

⬤ Fija los hábitos (pequeñas acciones) para alcanzar la felicidad de este mes.

Memo

2022

11

Noviembre

Si haces una pausa durante el festival del orden, aunque esté todo manga por hombro, no te desanimes. No tires la toalla, no lo interrumpas, no te rindas.

Elige un día para descansar un rato
Si no consigues tranquilizarte, haz un descanso. Imagina una vez más cómo sería tu vida ideal.

月 Lun	火 Mar	水 Mié
31	1 Día de Todos los Santos	2
7	8 Luna llena	9
14	15	16
21	22	23 Luna nueva
28	29	30
5	6	7

木 Jue	金 Vie	土 Sáb	日 Dom
3	4	5	6
10	11	12	13
17	18	19	20
24	25	26	27
1	2	3	4
8	9		

10

L	M	X	J	V	S	D
					1	2
3	4	5	6	7	8	9
10	11	12	13	14	15	16
17	18	19	20	21	22	23
24	25	26	27	28	29	30
31						

12

L	M	X	J	V	S	D
				1	2	3	4
5	6	7	8	9	10	11
12	13	14	15	16	17	18
19	20	21	22	23	24	25
26	27	28	29	30	31	

11

Noviembre

☆ Cosas que quiero ordenar esta semana

31 月 Lun

☐
☐
☐
a. m.

p. m.

1 火 Mar Todos los Santos

☐
☐
☐
a. m.

p. m.

2 水 Mié

☐
☐
☐
a. m.

p. m.

3 木 Jue

☐
☐
☐
a. m.

p. m.

☆ Mi motivo de felicidad de hoy

10						
L	M	X	J	V	S	D
				1	2	
3	4	5	6	7	8	9
10	11	12	13	14	15	16
17	18	19	20	21	22	23
24	25	26	27	28	29	30
31						

12						
L	M	X	J	V	S	D
			1	2	3	4
5	6	7	8	9	10	11
12	13	14	15	16	17	18
19	20	21	22	23	24	25
26	27	28	29	30	31	

Palabras mágicas
Almacenar tus cosas debe ser una tarea lo más simple posible: procura no darle demasiadas vueltas.

4 金 Vie

☐
☐
☐
a. m.

p. m.

5 土 Sáb

☐
☐
☐
a. m.

p. m.

6 日 Dom

☐
☐
☐
a. m.

p. m.

☆ Esta semana he cambiado en...

10
11
12
1
2
3
4
5
6
7
8
9
10
11
12

☆ Mi motivo de felicidad de hoy

11

Noviembre

☆ Cosas que quiero ordenar esta semana

7 月 Lun
- ☐
- ☐
- ☐

a. m.

p. m.

8 火 Mar ●
- ☐
- ☐
- ☐

a. m.

p. m.

9 水 Mié
- ☐
- ☐
- ☐

a. m.

p. m.

10 木 Jue
- ☐
- ☐
- ☐

a. m.

p. m.

☆ Mi motivo de felicidad de hoy

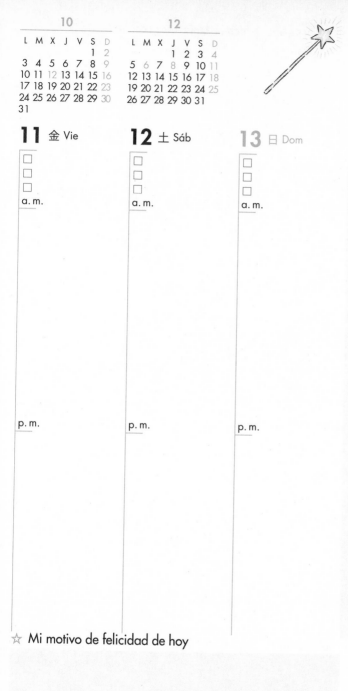

10

L	M	X	J	V	S	D
					1	2
3	4	5	6	7	8	9
10	11	12	13	14	15	16
17	18	19	20	21	22	23
24	25	26	27	28	29	30
31						

12

L	M	X	J	V	S	D
			1	2	3	4
5	6	7	8	9	10	11
12	13	14	15	16	17	18
19	20	21	22	23	24	25
26	27	28	29	30	31	

Palabras mágicas

Cuando compres algo, sácalo enseguida de su embalaje: que de ser un producto pase a convertirse en algo tuyo.

11 金 Vie

☐
☐
☐
a. m.

p. m.

12 土 Sáb

☐
☐
☐
a. m.

p. m.

13 日 Dom

☐
☐
☐
a. m.

p. m.

☆ Esta semana he cambiado en...

10
11
12
1
2
3
4
5
6
7
8
9
10
11
12

☆ Mi motivo de felicidad de hoy

11

Noviembre

☆ Cosas que quiero ordenar esta semana

14 月 Lun

☐
☐
☐
a. m.

p. m.

15 火 Mar

☐
☐
☐
a. m.

p. m.

16 水 Mié

☐
☐
☐
a. m.

p. m.

17 木 Jue

☐
☐
☐
a. m.

p. m.

☆ Mi motivo de felicidad de hoy

10

L	M	X	J	V	S	D
					1	2
3	4	5	6	7	8	9
10	11	12	13	14	15	16
17	18	19	20	21	22	23
24	25	26	27	28	29	30
31						

12

L	M	X	J	V	S	D
				1	2	3	4
5	6	7	8	9	10	11
12	13	14	15	16	17	18
19	20	21	22	23	24	25
26	27	28	29	30	31	

Palabras mágicas

Da las gracias como es debido a todas y cada una de tus pertenencias por apoyarte todos los días.

18 金 Vie

☐
☐
☐
a. m.

p. m.

19 土 Sáb

☐
☐
☐
a. m.

p. m.

20 日 Dom

☐
☐
☐
a. m.

p. m.

☆ Esta semana he cambiado en...

10
11
12
1
2
3
4
5
6
7
8
9
10
11
12

☆ Mi motivo de felicidad de hoy

☆ Cosas que quiero ordenar esta semana

21 月 Lun

☐
☐
☐
a. m.

p. m.

22 火 Mar

☐
☐
☐
a. m.

p. m.

23 水 Mié

☐
☐
☐
a. m.

p. m.

24 木 Jue

☐
☐
☐
a. m.

p. m.

☆ Mi motivo de felicidad de hoy

10								12						
L	M	X	J	V	S	D		L	M	X	J	V	S	D
					1	2						1	2	3	4
3	4	5	6	7	8	9		5	6	7	8	9	10	11
10	11	12	13	14	15	16		12	13	14	15	16	17	18
17	18	19	20	21	22	23		19	20	21	22	23	24	25
24	25	26	27	28	29	30		26	27	28	29	30	31	
31														

Palabras mágicas

Tus objetos son tus hinchas:
si los tratas con cuidado,
a cambio te transmitirán
buenas energías.

25 金 Vie

☐
☐
☐

a. m.

p. m.

26 土 Sáb

☐
☐
☐

a. m.

p. m.

27 日 Dom

☐
☐
☐

a. m.

p. m.

☆ Esta semana he cambiado en...

10
11
12
1
2
3
4
5
6
7
8
9
10
11
12

☆ Mi motivo de felicidad de hoy

11

Noviembre

☆ Cosas que quiero ordenar esta semana

28 月 Lun

☐
☐
☐
a. m.

p. m.

29 火 Mar

☐
☐
☐
a. m.

p. m.

30 水 Mié

☐
☐
☐
a. m.

p. m.

1 木 Jue

☐
☐
☐
a. m.

p. m.

☆ Mi motivo de felicidad de hoy

10						
L	M	X	J	V	S	D
					1	2
3	4	5	6	7	8	9
10	11	12	13	14	15	16
17	18	19	20	21	22	23
24	25	26	27	28	29	30
31						

12						
L	M	X	J	V	S	D
			1	2	3	4
5	6	7	8	9	10	11
12	13	14	15	16	17	18
19	20	21	22	23	24	25
26	27	28	29	30	31	

Palabras mágicas

El efecto reductor del estrés que tiene decir «no me hace falta buscarlo» es inmenso.

2 金 Vie

☐
☐
☐
a. m.

p. m.

3 土 Sáb

☐
☐
☐
a. m.

p. m.

4 日 Dom

☐
☐
☐
a. m.

p. m.

☆ Esta semana he cambiado en...

10
11
12
1
2
3
4
5
6
7
8
9
10
11
12

☆ Mi motivo de felicidad de hoy

La auténtica vida comienza después de que hayas ordenado

En este momento nos estamos acercando al final del año 2022. ¿Cómo está siendo tu vida?

Me gustaría hacerte una pregunta directa: ¿has acabado de ordenar?

A aquellos que hayáis acabado sin dejaros nada: ¡mi más sincera enhorabuena!

A aquellos que justo ahora os encontréis en pleno «festival del orden»: ¡Ánimo!

Seguro que también habrá quienes respondan: «No me ha ido bien y me he desanimado» o «Estaba planteándome ponerme a ello, pero, mientras lo pensaba, ya nos hemos plantado en diciembre...». Es evidente que no te vas a morir por no haber puesto orden en tu casa: solo porque no la hayas ordenado no significa que vaya a explotar. Ahora bien, el hecho de que tengas esta agenda en las manos significa que deseas cambiar tu situación actual, quieres reiniciar la persona que has sido hasta ahora, quieres que tu día a día brille con fuerza o anhelas ser más feliz que ahora, por lo que seguro que eres muy consciente de cómo eres. Si es tu caso, no hay problema: estoy convencida de que al final conseguirás ordenar.

Si ordenas de la manera correcta, seguro que llegará el día en el que acabes de ordenar. Sin embargo, si no haces frente a tus pertenencias lo suficiente y las guardas de cualquier manera, si dejas a la mitad la tarea de reducir el número de cosas que tienes o si las tiras a la basura a lo loco, sin pensarlo demasiado, no habrás terminado de ordenar y seguro que se producirá un efecto rebote.

No basta con que uno se deshaga de sus cosas, sino que también debe elegir como es debido conservar las cosas que le producen felicidad. Solo cuando lo hagas serás capaz de conseguir la vida ideal para ti.

«Ordenar la casa es algo que tendrás que hacer toda la vida». Por favor, libérate de esa maldición lo antes posible. Si emprendes la tarea de ordenar, no hay duda de que en algún momento la acabarás y entonces se sucederán los días de paz en los que no se producirá un efecto rebote.

Por lo tanto, despacha cuanto antes la tarea de ordenar tu casa y dedica el resto de tu vida a volcar tu entusiasmo en las cosas que de verdad te producen felicidad, pues la auténtica vida comienza después de que hayas ordenado.

¡Inténtalo!

Hábitos para alcanzar la felicidad de diciembre

A modo de calentamiento, establece los hábitos para alcanzar la felicidad de este mes.

● ¿Qué te gustaría hacer antes de que acabe el año?

● ¿Qué planes tienes para Fin de Año?

☆ **Unas palabras de Marie Kondo**

¡Por fin termina el año! Si te has empleado a fondo y has acabado de ordenar, ¡el año que viene te espera una vida llena de felicidad en la que no volverá a producirse un efecto rebote!

● Fija los hábitos (pequeñas acciones) para alcanzar la felicidad de este mes.

Memo

12

Diciembre

La auténtica
vida comienza
después de que
hayas ordenado.
No dudes en
volcar mucho
tiempo y
entusiasmo
en las cosas
que realmente
te producen
felicidad.

Comprueba qué planes
tienes para Fin de Año
Haz planes que te
produzcan felicidad
para que el final del
año te resulte divertido
y relajante.

¿Has decidido qué día
terminarás de ordenar?
Llega el último esfuerzo:
¡acaba de ordenar
antes de que finalice
el año!

月 Lun	火 Mar	水 Mié
28	29	30
5	6 Día de la Constitución	7
12	13	14
19	20	21
26	27	28
2	3	4

木 Jue	金 Vie	土 Sáb	日 Dom
1	2	3 Día de Navarra	4
8 Inmaculada Concepción ●	9	10	11
15	16	17	18
22	23 Luna nueva ☾	24 Nochebuena	25 Navidad
29	30	31 Nochevieja	1
5	6		

10
11
12
1
2
3
4
5
6
7
8
9
10
11
12

11

L	M	X	J	V	S	D
	1	2	3	4	5	6
7	8	9	10	11	12	13
14	15	16	17	18	19	20
21	22	23	24	25	26	27
28	29	30				

1

L	M	X	J	V	S	D
						1
2	3	4	5	6	7	8
9	10	11	12	13	14	15
16	17	18	19	20	21	22
23	24	25	26	27	28	29
30	31					

12

Diciembre

☆ Cosas que quiero ordenar esta semana

28 月 Lun
- ☐
- ☐
- ☐

a. m.

p. m.

29 火 Mar
- ☐
- ☐
- ☐

a. m.

p. m.

30 水 Mié
- ☐
- ☐
- ☐

a. m.

p. m.

1 木 Jue
- ☐
- ☐
- ☐

a. m.

p. m.

☆ Mi motivo de felicidad de hoy

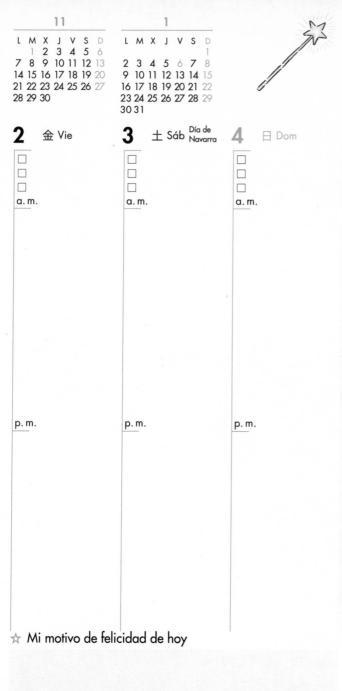

11						
L	M	X	J	V	S	D
	1	2	3	4	5	6
7	8	9	10	11	12	13
14	15	16	17	18	19	20
21	22	23	24	25	26	27
28	29	30				

1						
L	M	X	J	V	S	D
						1
2	3	4	5	6	7	8
9	10	11	12	13	14	15
16	17	18	19	20	21	22
23	24	25	26	27	28	29
30	31					

Palabras mágicas

Si se trata de algo que te produce felicidad, consérvalo como algo noble, con independencia de lo que opinen los demás.

2 金 Vie

☐
☐
☐
a. m.

p. m.

3 土 Sáb Día de Navarra

☐
☐
☐
a. m.

p. m.

4 日 Dom

☐
☐
☐
a. m.

p. m.

☆ Esta semana he cambiado en...

10

11

12

1

2

3

4

5

6

7

8

9

10

11

12

☆ Mi motivo de felicidad de hoy

☆ Cosas que quiero ordenar esta semana

5 月 Lun

☐
☐
☐
a. m.

p. m.

6 火 Mar Día de la Constitución

☐
☐
☐
a. m.

p. m.

7 水 Mié

☐
☐
☐
a. m.

p. m.

8 木 Jue Inmaculada Concepción ●

☐
☐
☐
a. m.

p. m.

☆ Mi motivo de felicidad de hoy

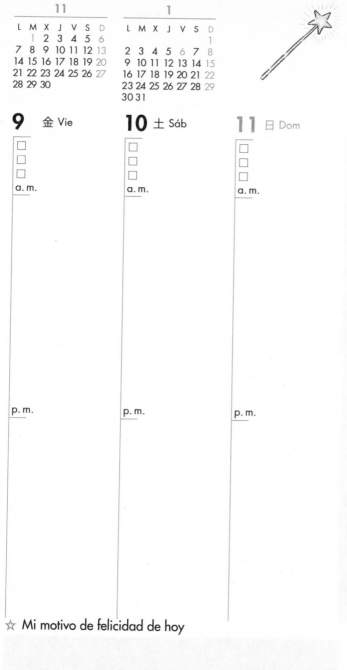

	11					
L	M	X	J	V	S	D
	1	2	3	4	5	6
7	8	9	10	11	12	13
14	15	16	17	18	19	20
21	22	23	24	25	26	27
28	29	30				

	1					
L	M	X	J	V	S	D
						1
2	3	4	5	6	7	8
9	10	11	12	13	14	15
16	17	18	19	20	21	22
23	24	25	26	27	28	29
30	31					

Palabras mágicas

Decora tu casa justo con aquellos objetos que para los demás no signifiquen nada pero que a ti te produzcan felicidad.

9 金 Vie

☐
☐
☐
a. m.

p. m.

10 土 Sáb

☐
☐
☐
a. m.

p. m.

11 日 Dom

☐
☐
☐
a. m.

p. m.

☆ Esta semana he cambiado en...

10
11
12
1
2
3
4
5
6
7
8
9
10
11
12

☆ Mi motivo de felicidad de hoy

12

Diciembre

☆ Cosas que quiero ordenar esta semana

12 月 Lun
☐
☐
☐
a. m.

p. m.

13 火 Mar
☐
☐
☐
a. m.

p. m.

14 水 Mié
☐
☐
☐
a. m.

p. m.

15 木 Jue
☐
☐
☐
a. m.

p. m.

☆ Mi motivo de felicidad de hoy

11

L	M	X	J	V	S	D
	1	2	3	4	5	6
7	8	9	10	11	12	13
14	15	16	17	18	19	20
21	22	23	24	25	26	27
28	29	30				

1

L	M	X	J	V	S	D
						1
2	3	4	5	6	7	8
9	10	11	12	13	14	15
16	17	18	19	20	21	22
23	24	25	26	27	28	29
30	31					

Palabras mágicas

Si creas tu espacio, se convertirá en tu propia fuente de energía.

16 金 Vie

☐
☐
☐

a. m.

p. m.

17 土 Sáb

☐
☐
☐

a. m.

p. m.

18 日 Dom

☐
☐
☐

a. m.

p. m.

☆ Esta semana he cambiado en...

10
11
12
1
2
3
4
5
6
7
8
9
10
11
12

☆ Mi motivo de felicidad de hoy

☆ Cosas que quiero ordenar esta semana

19 月 Lun

☐
☐
☐
a. m.

p. m.

20 火 Mar

☐
☐
☐
a. m.

p. m.

21 水 Mié

☐
☐
☐
a. m.

p. m.

22 木 Jue

☐
☐
☐
a. m.

p. m.

☆ Mi motivo de felicidad de hoy

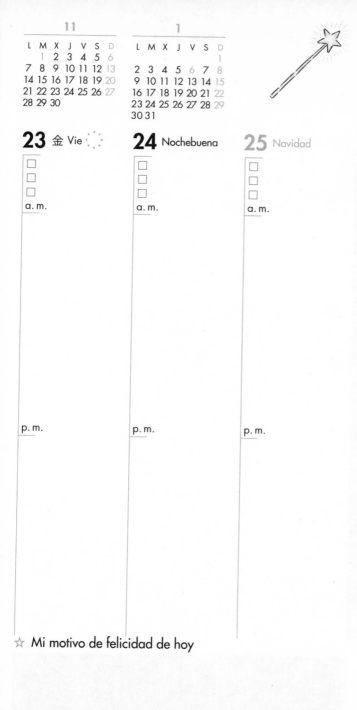

11						
L	M	X	J	V	S	D
	1	2	3	4	5	6
7	8	9	10	11	12	13
14	15	16	17	18	19	20
21	22	23	24	25	26	27
28	29	30				

1						
L	M	X	J	V	S	D
						1
2	3	4	5	6	7	8
9	10	11	12	13	14	15
16	17	18	19	20	21	22
23	24	25	26	27	28	29
30	31					

Palabras mágicas

Lo más importante al pensar en el almacenamiento de tus cosas es ser consciente de los materiales.

23 金 Vie

☐
☐
☐

a. m.

p. m.

24 Nochebuena

☐
☐
☐

a. m.

p. m.

25 Navidad

☐
☐
☐

a. m.

p. m.

☆ Esta semana he cambiado en...

10

11

12

1

2

3

4

5

6

7

8

9

10

11

12

☆ Mi motivo de felicidad de hoy

12

Diciembre

☆ Cosas que quiero ordenar esta semana

26 月 Lun

☐
☐
☐

a. m.

p. m.

27 火 Mar

☐
☐
☐

a. m.

p. m.

28 水 Mié

☐
☐
☐

a. m.

p. m.

29 木 Jue

☐
☐
☐

a. m.

p. m.

☆ Mi motivo de felicidad de hoy

11						
L	M	X	J	V	S	D
	1	2	3	4	5	6
7	8	9	10	11	12	13
14	15	16	17	18	19	20
21	22	23	24	25	26	27
28	29	30				

1						
L	M	X	J	V	S	D
						1
2	3	4	5	6	7	8
9	10	11	12	13	14	15
16	17	18	19	20	21	22
23	24	25	26	27	28	29
30	31					

Palabras mágicas

Al final, lo habrás hecho bien si puedes ver de un vistazo dónde está cada cosa.

30 金 Vie

☐
☐
☐

a.m.

p.m.

31 Nochevieja

☐
☐
☐

a.m.

p.m.

1 日 Dom

☐
☐
☐

a.m.

p.m.

☆ **Esta semana he cambiado en...**

10
11
12
1
2
3
4
5
6
7
8
9
10
11
12

☆ **Mi motivo de felicidad de hoy**

● ¿Qué has ordenado y qué no?

● ¿Qué hábitos para alcanzar la felicidad has adquirido?

¿Cómo te ha ido el año 2022? Intenta echar la vista atrás una última vez. Haz una foto de tu casa y pégala en esta agenda.

¿En qué has cambiado que te haya producido felicidad?

¿Cómo te gustaría que fuera el año que viene?

Despedida

Muchas gracias por este año que hemos compartido. En 2022 has utilizado esta agenda: ¿qué tal te ha ido con ella? ¿Cómo te sientes ahora?

Has acabado de ordenar del todo y has conseguido tu vida ideal, ¿verdad que sí?

¿Cómo han ido tus hábitos para alcanzar la felicidad de cada mes? ¿A que ahora tu día a día te produce felicidad solo por haber llevado a cabo pequeñas acciones y haber cambiado un poquito lo que hacías?

También deberías haber notado que, poco a poco, tú también estás cambiando: ahora te satisface la vida que llevas, has aprendido a quererte y disfrutas de la vida, ¿no es así?

¿Cómo te gustaría que fuera el año cargado de felicidad que va a empezar? ¡Yo estoy deseando difundir la magia del orden por todo el mundo y conseguir que la felicidad os llegue a todos!

¡Consigamos entre todos que esa vida llena de felicidad se haga realidad!

Marie Kondo

Marie Kondo (también conocida como **KonMari**)

Es experta en organización, escritora de éxito, estrella de televisión nominada a los Emmy y fundadora de KonMari Media, Inc.

Fascinada con el orden desde su infancia, Marie empezó a ejercer como consultora de organización a los diecinueve años mientras cursaba estudios universitarios en Tokio. En la actualidad, es una experta en organización de fama mundial y un icono de la cultura popular que ayuda a las personas a transformar sus casas desordenadas en espacios de serenidad e inspiración.

Marie ha sido nombrada una de las cien personas más influyentes por la revista *Time* y es autora de *La magia del orden*, traducida a cuarenta idiomas y con más de doce millones de ejemplares vendidos en todo el mundo, de *La magia del día a día*, diario compañero de su libro, de *La felicidad en el trabajo* y de la novela gráfica *La magia del orden. Una novela ilustrada*. Su labor ha aparecido en miles de publicaciones internacionales, programas de radio e importantes programas de televisión.

Memo

Memo

Memo

Memo

Memo

Memo

Memo